L E S   A M I S   D U   V I E U X   R I O M

CHRONIQUES DU VIEUX RIOM

Volume 7

Éditions Jeanne-d'Arc

Au lecteur :

« *Nous allons chercher le temps que la vitesse nous a fait perdre* » écrivait Alexandre Vialatte, puis « *le temps perdu ne se rattrape pas, dit-on, mais on peut le retrouver* ».

Les Amis du Vieux Riom vont chercher et retrouver, dans le temps passé, des sources aux ramifications multiples, plus ou moins importantes, oubliées ou méconnues, et qui ont participé, un temps, à écrire l'histoire de cette ville, avec ses valeurs d'art ou ses traditions.

C'est un septième volume de « Chroniques » que nous sommes heureux de vous faire partager.

Anne-Marie ESCUDIER
Présidente de la Société des Amis du Vieux Riom

Couverture : *Portrait de Madame Adélaïde,*
sœur de Louis-Philippe

SOMMAIRE

DE RIOM À RANDAN, À LA RENCONTRE DE MADAME ADÉLAÏDE

Après la mort tragique du duc d'Orléans, Ferdinand-Philippe, fils aîné du roi Louis-Philippe, le Conseil Municipal de Riom adresse, le 18 juin 1842, une lettre de condoléances à:

« *son Altesse Royale, Madame Adélaïde, sœur du roi*[1], *dont la présence en Auvergne, toujours manifestée par une bienfaisance inépuisable, ne l'est pas moins par l'intérêt puissant qu'elle porte aux établissements de la ville de Riom, et par l'accueil plein de bienveillance et d'affabilité qu'elle fait aux autorités de cette ville.* »

En effet, les registres des délibérations du Conseil Municipal mentionnent à plusieurs reprises les visites des élus à Madame Adélaïde.

Le 15 septembre 1838, « *Monsieur le Maire*[2] *a fait part au Conseil que Madame la duchesse (sic). Adélaïde d'Orléans se rendra incessamment à son château de Randan et il est proposé de choisir par la voie du scrutin trois de MM. les membres qui voudront bien se réunir à l'administration pour aller offrir à son Altesse Royale, au nom de la ville de Riom, l'expression de ses félicitations et de ses respectueux hommages.*

La proposition de M. le Maire ayant été acceptée à l'unanimité, un scrutin a été ouvert d'après lequel MM. Allemand, Devauré et Maigne de la Gravière, ayant obtenu le plus de suffrages, ont été nommés membres de la députation qui réunie à l'administration municipale se rendra au château de Randan pour offrir à son Altesse Royale Mademoiselle la duchesse Adélaïde d'Orléans, aux princes et princesses du sang qui pourront l'accompagner, les félicitations et les respectueux hommages de la ville de Riom ».

---

1) Eugène, Adélaïde, Louise, Princesse d'Orléans (1777-1847), fille de Philippe-Egalité et sœur de Louis-Philippe. Elle émigra en 1792 avec sa gouvernante Mme de Genlis, rentra en France en 1817. Elle contribua à placer son frère sur le trône en 1830, et reçut alors par ordonnance le titre de « Madame Adélaïde, sœur du roi ».

2) Chamerlat des Guérins, maire depuis 1830 – Archives communales de Riom (AC)

L. Athalin del. 1831 — Lith. de Engelmann. — Deroy sculp. 1831

Château de Randan, côté du Sud

Auvergne.

Le même cérémonial est répété lors des délibérations des 21 septembre 1839, 11 mai 1842, 30 juin 1845 où une délégation de sept membres se rend à Randan... Le 24 juin 1844 cependant, M. le Maire[3] s'étant précipité au château, dès réception d'une lettre d'invitation de Madame Adélaïde, avant même d'avoir convoqué le Conseil Municipal, « *il n'y a plus lieu à nommer une commission au sujet de cette visite* » !

Si Madame Adélaïde et son château exerçaient une certaine fascination sur les élus riomois, celle-ci a survécu à la disparition de l'une et, longtemps après, à l'incendie de l'autre.

Pour ma part, j'ai toujours connu et aimé Randan. C'était le lieu de mes vacances d'enfant, et déjà il me faisait rêver. Les hautes cheminées du château endormi, émergeant de la végétation, me semblaient résonner encore d'une vie enfuie. Bien des années plus tard, alors que je me trouvais en charge du Domaine[4], je résolus de rechercher les témoignages de ceux qui en avaient été ses contemporains et ses familiers. Je découvris alors que bon nombre d'auteurs, connus ou moins connus, avaient su en leur temps décrire ce lieu romantique par excellence, si cher à Madame Adélaïde.

Une fortune indépendante

L'architecte Fontaine[5] donne, avec le baron Atthalin[6] les premiers témoignages. Le « Journal » de Fontaine, qui va de 1799 à 1853, nous indique d'abord les raisons de la présence des Orléans en Auvergne, et les dessins et lithographies d'Atthalin sont pour nous de précieux documents.

---

3) Allemand, maire depuis 1841 (AC)

4) Je le qualifiai de « Domaine Royal » dans un courrier du 1er janvier 1980, destiné à attirer l'attention des Pouvoirs Publics, afin d'initier une première protection au titre des Monuments Historiques. Des travaux d'urgence sur le bâtiment des cuisines et la réhabilitation du parc furent alors entrepris. L'appellation de « Domaine Royal » a perduré avec l'acquisition de celui-ci en 1999 par les collectivités locales et l'État, puis en 2003 par le Conseil Régional d'Auvergne, et l'ouverture au public.

5) Fontaine, Pierre-François-Léonard (1762-1853) et Charles Percier furent les architectes et décorateurs principaux de Napoléon et promoteurs du style Empire (arc de triomphe du Carrousel, arcades de la rue de Rivoli...)

6) Atthalin, Louis Jean-Baptiste (1784-1856) général baron, d'abord au service de Napoléon, fut l'aide de camp de Louis-Philippe et son homme de confiance. Il a laissé de nombreux dessins, croquis, gravures, etc. Des originaux sur Randan ont été acquis en 2009 par le Conseil Régional et figurent dans les collections du Domaine.

Le Château de Randan en 1821 vue du Sud-Ouest

Les Orléans possédaient déjà la forêt de Montpensier. En 1821, la succession de la duchesse douairière[7] leur permet d'acheter la terre de Randan toute proche :

« *La succession partagée entre le duc d'Orléans et sa sœur Adélaïde donne à Mademoiselle des propriétés et une fortune indépendante* ».

Mais, quelques lignes plus loin, il ajoute :

« *L'acquisition de Randan et le voyage que nous venons d'y faire sont à la Cour un sujet de remarques et d'interprétations diverses. On croit que le Prince, craignant ou prévoyant des troubles, veut faire de la résidence de ce château au pied des montagnes de l'Auvergne, un lieu de retraite et de sûreté pour sa personne et sa famille le jour où la légitimité et l'autorité des Bourbons seraient en danger* ».

---

7) Adélaïde de Bourbon-Penthièvre, arrière-petite-fille de Louis XIV avait épousé en 1769 Philippe duc d'Orléans (le futur Philippe Égalité) et possédait une fortune considérable.

Transformer un vieux château en une résidence princière

Cependant, Fontaine est plutôt réticent. Il note le 10 janvier 1822 :

« *Comment les restes d'un vieux château de briques flanqué de tours, bâti sous François Ier, les débris d'une vieille bâtisse qui n'a jamais été achevée de manière à pouvoir être habitée, située à l'extrémité d'un petit village de la Limagne d'Auvergne, à trois lieues de la grande route sur la partie élevée d'une montagne près des bois, sans eaux, sans dépendances, sans jardins, sans rien de ce qui rend une habitation agréable, pourront-ils devenir la résidence convenable et commode d'une princesse de la maison d'Orléans ?* »

RECHERCHES
SUR
RANDAN,
ANCIEN DUCHÉ-PAIRIE ;
SA SITUATION ET LE PAYS QUI L'ENVIRONNE ;
SON ORIGINE, SA POSITION DANS L'ANCIENNE MONARCHIE ;
SES LOIS, SON ORGANISATION JUDICIAIRE ET ADMINISTRATIVE ;
SES POSSESSEURS SUCCESSIFS ET LEURS MAISONS ;
DEPUIS LES TEMPS LES PLUS RECULÉS JUSQU'À NOS JOURS.
A RIOM,
DE L'IMPRIMERIE DE THIBAUD,
IMPRIMEUR DE LA COUR ROYALE ET LIBRAIRE.
1830.

Il accepte néanmoins de diriger « les travaux de restauration et de construction que Mademoiselle d'Orléans a ordonnés », laissant sur place un jeune architecte, Paschal Lepage, élève de Percier.

Au fil des années, il montre l'évolution du chantier et nous fait part de ses impressions.

Le 27 mai 1824, il écrit que

« *le projet de leurs Altesses était de venir avec toute la petite famille qui est charmante* »,

et le 11 août 1829, il nous parle

« *des préparatifs pour recevoir le roi de Naples* ».

Fontaine prend soin de conserver une lettre de Louis-Philippe écrite de « Randan, le 20 septembre 1829 », dans laquelle il lui indique ses vues pour les futures cuisines et une chapelle :

« *Ma sœur veut que je vous dise qu'elle tient au gothique et je vous le dis parce qu'elle le veut, mais moi je vous dis faites ce que vous croyez bien et je suis persuadé qu'elle en sera enchantée* ».

Louis-Philippe a ajouté, en PS, qu'il se réjouit de la publication de « Recherches sur Randan » par le vicomte de Bastard, avocat général à Riom. L'ouvrage paraît en 1830, chez Thibaud imprimeur à Riom, et il nous renseigne sur la situation de Randan et le pays qui l'environne, la géologie, la flore, et son histoire depuis le XIIe siècle.

Le château de ma tante

On l'aura compris, Randan, selon l'expression de Fontaine est « *l'objet de tous les désirs de Mademoiselle* ». Elle y accueille ses neveux et nièces bien-aimés.

Le 25 juin 1825, la princesse Marie d'Orléans[8], âgée alors de 12 ans, écrit au duc de Nemours, son frère préféré :

« *Nous devons aller aujourd'hui à trois heures dans la forêt, dans le char à bancs que papa a fait faire à Clermont, qui est de 12 places au lieu de 9 ... Le Puy-de-Dôme a mis hier son bonnet...*

Ma tante a donné à Mimi[9] le *petit ânon de l'année dernière... En descendant pour déjeuner, nous avons trouvé M. Lucas, le médecin de Vichy, qui nous a tous examinés les uns après les autres* »

Quelques années plus tard, alors que Louis-Philippe est devenu roi des Français, Ferdinand-Philippe, devenu à son tour duc d'Orléans, écrit à Madame Adélaïde sa « chère tante » :

« *Randan, le 26 juin 1832, 10 heures du soir,*

Je vais à cheval sur vos chevaux ; le 25 à deux heures, nous nous sommes promenés jusqu'à six dans le parc et dans les nouvelles constructions. À six heures, dîner copieux et excellent ; puis visite aux cochons du roi d'Angleterre ; puis tir des crapauds volants et des hirondelles.

Aujourd'hui journée complète. J'ai organisé une Saint- Hubert au petit pied, après trois heures d'infructueux aboiements, sons de trompes, promenades à cheval, etc. .. nous nous sommes mis à déjeuner sans avoir tiré un coup de fusil...

Toutes les célébrités de la commune sont dans le même état. Le curé d'Aigueperse a toujours sa redingote noire, dite capote philhellène, parce qu'il en était revêtu lorsqu'il vous harangua en faveur des Grecs ; il a fiolé (comme on dit dans ce pays-ci) de manière à lui délier la langue pour un mois. Le maire de

---

8) Marie d'Orléans (1813-1839) troisième enfant de Louis-Philippe, épousa le duc de Wurtemberg. Elle a laissé une renommée d'artiste. Sa statue de Jeanne d'Arc s'élève devant la mairie d'Orléans.

9) Tous les enfants de la famille d'Orléans avaient des surnoms : « Mimi » était le duc d'Aumale. L'aîné, Ferdinand-Philippe duc de Chartres, était « le Beau », Nemours « Tan », Joinville « le Gros » ou « Cugnard », Montpensier « Totone ».

Maringues n'a pas cessé une minute d'écraser son voisin du poids de son érudition…

Tous m'ont chargé de les mettre à vos pieds. L'abbé de Pradt, le général Simmer, M. de Montlouis, le général Becker et le premier président Grenier[10] *m'en ont également prié… Je ne vous parlerai pas de l'admiration qu'a causée la vue de Randan. Tout compliment à part, le château et le parc ont énormément gagné depuis que vous ne les avez vus ; la nouvelle salle à manger est charmante mais encore humide … La terrasse de la chapelle sera une grande ressource pour les soirées, mais il faudrait mettre dans les caisses des arbustes plus élevés que les fleurs qui s'y*

---

10) Voir : « Le Baron Grenier 1753-1841 gloire oubliée de la ville de Riom » in.chroniques du Vieux Riom vol. 6, 2009 trouvent ... Je ne puis vous souhaiter ma chère tante, rien de mieux que de dormir comme je vais le faire dans l'excellent lit que vous m'avez octroyé dans l'excellente chambre de l'excellent château où j'ai pu, pendant vingt-quatre heures, oublier la politique, ce qui, certes, est un grand et bien rare miracle. »

De son côté le prince de Joinville[11] se rappellera surtout, dans ses « Vieux Souvenirs »publiés en 1894 (il est âgé alors de 76 ans) « la petite aventure » que représentait pour la famille d'Orléans le voyage à Randan :

« *Mon père avait fait faire une grande voiture à douze places où tenait toute la famille et qui ressemblait, sauf respect, à une ménagerie ambulante... Au relais on amenait les six chevaux qui devaient nous traîner, chevaux entiers, méchants, hargneux, hurlant, mordant, ruant. Ca s'attelait tant bien que mal, puis arrivaient les postillons fringants, le chapeau enrubanné sur l'oreille, quelques-uns encore poudrés et ornés de la grosse queue à catogan... Les rencontres avec d'autres voitures s'annonçaient par les hurlements des postillons : si les chevaux ne se dérangeaient pas assez, un abordage formidable se produisait avec un torrent de jurons et cliquetis de lanternes et de glaces brisées. Si les chevaux au contraire se rangeaient trop, la voiture s'inclinait d'abord sur le bas-côté, et l'inclinaison augmentant, elle finissait souvent par verser doucement dans le fossé. Il sortait alors une clameur de la ménagerie, chacun se tâtant et de rire ensuite, pendant qu'on relevait la machine pour un nouveau départ... Les parents fulminaient, mais les enfants jubilaient, c'était le désordre, et on écrivait aux petits amis : « nous avons versé à tel endroit, cassé à tel autre... » On quittait la grand-route à Aigueperse ; on attelait six ou sept paires de bœufs à la voiture ; des Auvergnats en grands chapeaux et costumes (il y avait encore des costumes,) armés de gaules, dirigeaient l'attelage ; la voiture oscillait dans des chemins boueux, coupés de montagnes et de vallées ; on arrivait péniblement, mais on arrivait au château.* »

---

11) François, prince de Joinville (1818-1900) troisième fils de Louis-Philippe. Excellent marin et navigateur. Il fut chargé en 1840 de rapporter de Sainte-Hélène les restes de Napoléon Ier.

Descriptions pittoresques

En 1836, Henri Lecoq, professeur d'Histoire Naturelle et directeur du jardin botanique de Clermont, âgé alors de 34 ans, publie un ouvrage sur « Vichy et ses environs ». On y trouve de belles et pittoresques descriptions des localités et villes de la Limagne, en particulier de :

« *Riom, qui se développait devant nous, avec la magnificence d'une ville orientale, entourée de ses bosquets, dominée par ses dômes et ses clochers.* »

À Randan, il s'émerveille. Les détails qu'il nous donne nous permettent d'imaginer ce qu'était la splendeur de ce lieu au temps de Madame Adélaïde :

« *Un très grand parc entoure le château, dont une partie seulement était construite lors de l'acquisition de Madame Adélaïde. Il fallut ajouter une autre moitié, et faire accorder les nouvelles constructions avec les anciennes... Les constructions sont en briques apparentes et en pierres calcaires tirées des carrières de Chaptuzat, près Aigueperse. Les toits sont couverts en ardoises ; les cheminées sont énormes comme celles du château d'Effiat. La façade du côté du nord présente deux pavillons et deux tourelles, au milieu desquelles règne une petite colonnade de l'ordre dorique ; au devant, s'étend la cour d'honneur fermée par une grille demi-circulaire. Les anciens fossés ont été convertis en parterres qui vont se réunir à la terrasse qui s'étend sous la façade du midi. Celle-ci, moins compliquée que l'autre, se compose de deux grosses tours entre lesquelles s'étend le corps du château, qui, de ce côté, paraît avoir un étage de plus que l'autre. De jolis escaliers en fonte occupent la place d'une autre tour qui était au milieu des deux autres, et communiquent à une galerie d'où l'on jouit d'une vue admirable sur la Limagne et les montagnes du Forez...*

Nous entrâmes dans l'intérieur et nous en traversâmes toutes les salles. L'une d'elles nous retint quelque temps ; c'est le musée du château. Des armoires vitrées renferment des armes étrangères, et divers objets de curiosité d'un travail admirable. La salle à manger, qui a remplacé les anciennes cuisines, est, de tous les appartements, celui qu'on vante le plus aux curieux, et l'on a certainement raison. Elle est voûtée, et entièrement revêtue de stucs de diverses couleurs. Des amours et des arabesques, des oiseaux, des fruits et des grisailles, qui décorent les voûtes et les panneaux, sont l'œuvre de quatre peintres distingués, et sont remarquables par leurs formes gracieuses et l'éclat de leur coloris. Des glaces font face aux croisées, et semblent placer dans l'intérieur ce beau paysage que nous avions admiré de la terrasse et de la galerie. Les lustres sont en bronze et reçoivent des bougies. Deux demi-lustres, appliqués contre les glaces du fond, se reproduisent indéfiniment par réflexion, et semblent éclairer une immense galerie ou l'un de ces palais de marbre et de cristal dont on a lu des descriptions dans les Mille et une Nuits.

Une petite porte latérale communique avec les cuisines qui forment seules un large bâtiment surmonté d'une terrasse et d'une galerie. Elles sont en rapport avec le siècle actuel et le pays d'abondance où elles sont situées ; mais quand on a traversé toutes les pièces dont elles se composent, quand on a vu surtout en pleine activité les gigantesques tournebroches, les machines à vapeur, et la salle aux casseroles ; quand on a vu chauffer les fours, dresser les pièces d'apparat, et agir la hiérarchie des marmitons aux prises avec un dîner de réception, on se croit encore transporté dans le royaume des fées, et l'on a peine à croire à la réalité d'une si prodigieuse consommation. Près des lieux où se prépare la nourriture du corps, l'âme reçoit aussi la sienne. Une élégante chapelle se trouve placée à l'extrémité des cuisines, et communique avec le château par une galerie supérieure qui conduit à sa tribune...

Telle est l'habitation que S.A.R. Madame Adélaïde vient parfois habiter. Ses bienfaits s'y prolongent plus que son séjour. »

Adélaïste aussi

Mais la grande époque de Randan s'achève... Le 31 décembre 1847, meurt à Paris celle qui en avait été l'âme. Victor Hugo dans « Choses vues » exprime bien le sentiment de la tristesse partagée.

« Cette sombre année, qui a commencé par un vendredi, finit par un vendredi...

Le roi a reçu la Chambre des pairs dans la salle du trône ; il était tout en noir, sans décorations, et pleurait. M. le duc de Nemours, M. de Joinville et M. de Montpensier étaient en noir,

Entrée du château de Randan

sans plaque ni cordon, comme le roi ; la reine, Madame la duchesse d'Orléans, Mesdames de Joinville et de Montpensier en grand deuil. Le roi s'est approché de moi et m'a dit : « Je remercie M. Victor Hugo ; il vient toujours à nous dans les occasions tristes. » Et les larmes lui ont coupé la parole.

C'est un coup pour le roi que cette perte. Sa sœur était pour lui un ami. C'était une femme intelligente et de bon conseil, qui abondait dans le sens du roi, sans jamais verser. Madame Adélaïde avait quelque chose de viril et de cordial, avec beaucoup de finesse. Elle avait de la conversation…

Ma chère petite Didine était un jour allée la voir avec sa mère ; Madame Adélaïde lui donna une poupée. Ma fille, qui avait alors sept ans, revint enthousiasmée. Quelques jours après, elle entendait dans le salon de grandes discussions sur les philippistes et les carlistes. Tout en jouant avec sa poupée, elle dit à demi-voix : « moi, je suis adélaïste. » Cela fait que j'ai été adélaïste aussi. La mort de cette brave vieille princesse m'a fait une vive peine…

Façade sud vers 1829

Presque tous les matins, le roi avait une longue causerie, la plupart du temps politique, avec Madame Adélaïde. Il la consultait sur tout et ne faisait rien de très grave contre son avis. Il regarde la reine comme son « ange gardien » ; on pourrait dire que Mme Adélaïde était son « esprit gardien »...

Ce soir, relâche à tous les théâtres. Ainsi a fini l'année 1847. »[12]

Daniel-Jean BAILLY

---

12) La révolution de février 1848 met fin au règne de Louis Philippe qui doit s'exiler en Angleterre avec les siens. Randan deviendra la propriété de son dernier fils, Antoine, duc de Montpensier (1824-1890) puis de la fille de celui-ci, Isabelle comtesse de Paris (1848-1919) dont le second fils Ferdinand, duc de Montpensier (1884-1924) sera le dernier des Orléans à posséder Randan, avant que ne survienne l'incendie du 25 juillet 1925.

UN ÉTABLISSEMENT PRESTIGIEUX : L'ACADÉMIE DE RIOM

Une académie est un lieu où les jeunes gens apprennent l'équitation et d'autres exercices physiques. Riom s'enorgueillissait de posséder seule « *depuis un temps immémorial* », celle de la province d'Auvergne.

« Un temps immémorial » ? En fait, quand en 1741 la ville est priée de fournir des pièces justificatives, les échevins notent : « La dissipation d'une partie des titres et des registres ne permet pas de remonter à l'origine de cet établissement, mais on trouve dans des délibératoires qui se sont conservés qu'en 1644, il y avait une Académie à Riom »[1]. Clouard pensait qu'elle existait depuis la fin du XVIe siècle[2]. Un texte de 1689 fait mention, en effet, d'« *une possession de près de cent ans* »[3], mais rien ne permet de l'affirmer avec certitude. Les documents les plus anciens que nous avons retrouvés à ce sujet sont de 1641.

Planches extraites de "l'Encyclopédie de Diderot

C'est en Italie (à Naples, à Florence) qu'au XVIe siècle naissent les premières académies. L'art équestre est un art nouveau dont il faut enseigner les techniques. Il s'agit d'arriver à l'équilibre le plus parfait entre cheval et cavalier. Le cavalier doit se maintenir dans une position immuable et cependant dynamique, en variant l'allure du cheval à qui il doit faire comprendre tous ses désirs. En France, les académies se développent au XVIIe siècle et l'art équestre atteindra son apogée au manège royal de Versailles, en servant le prestige de la monarchie.

Mais l'art équestre est, bien sûr, lié à l'art militaire, et monter à cheval pour faire la guerre a

---

1) Archives communales de Riom (GG134)

2) E. Clouard. Les gens d'autrefois. 1910 ; réédition Histoire de Riom, Res Universis 1992

3) A.C, GG134

toujours été l'apanage de la noblesse. C'est même l'origine de celle-ci. L'Académie de Riom s'adresse donc aux jeunes gentilshommes à qui l'Écuyer Académiste enseignera à monter à cheval et les autres exercices de guerre « *afin que cette jeune noblesse se rende digne de servir Sa Majesté dans ses armées* »[4].

Les écuyers

Les écuyers qui dirigent l'Académie sont nommés au XVIIe siècle par le Grand Ecuyer de France et reçoivent un traitement de la Province, mais la ville doit assurer leur logement. Arguant de l'honneur et du profit que la ville retire de cet établissement, les écuyers formulent souvent des exigences embarrassantes.

Le premier que nous avons retrouvé est le sieur Forestier qui en 1641 demande aux consuls d'être « *compris au rang des nobles exempts et privilégiés* », menaçant les consuls que « *si la ville entend le cotiser, il sera contraint de se retirer en des villes où il sera appelé avec des avantages plus grands qu'il n'a point en cette ville* ». Il en appelle même au marquis d'Effiat, lieutenant du roi au gouvernement de la province, et la ville est obligée de s'incliner[5].

Cependant, Forestier ne reste pas longtemps à la tête de l'Académie. Le 8 novembre 1644, c'est le sieur de La Nozière qui, venant de Moulins, fait savoir aux consuls qu'« *il désire se retirer avec son fils en cette ville pour y tenir académie et manège de chevaux, pourvu qu'ils soient exempts de toutes impositions qui se feront à l'avenir en icelle* », ce qui est accepté avec empressement[6].

En 1672, c'est le sieur de La Fosse qui dirige l'Académie. Il est pourvu de deux brevets du Grand Ecuyer[7] et de lettres patentes du roi. Après 1674, il est remplacé, pendant un certain temps-nous ne savons pas pour quelle raison- par un autre écuyer, le sieur des Floratis, « *paisible possesseur de cette charge* » dont

---

4) Lettre du Grand Ecuyer du 28 juin 1689, enregistrée au bureau des finances de la généralité de Riom. A.C, id.

5) A.C, BB57 et 58

6) A.C, GG134

7) Le Grand Ecuyer de France, chargé de la surveillance des équipages et des écuries du roi, était l'un des officiers les plus importants de la Maison du roi. Le fait qu'il nomme aussi les écuyers des académies de province mettait celles-ci sous le contrôle royal.

il a été pourvu par Louis de Lorraine, comte d'Armagnac, Pair et Grand Ecuyer de France, grand sénéchal héréditaire de Bourgogne, gouverneur pour S.M. du pays d'Anjou. Mais des Floratis ayant préféré se retirer à Lyon pour y tenir académie, François de La Fosse, sur la recommandation de Combes, lieutenant général en la sénéchaussée et siège présidial de Riom, est à nouveau pourvu de la charge d'écuyer académiste dans la province d'Auvergne par le Grand Ecuyer, le 28 juin 1689. En raison de « *sa capacité et expérience tant à monter à cheval qu'aux exercices de guerre... sa loyauté, prud'homie, fidélité et affection au service du roi dont il a donné des marques en exerçant ci devant ladite charge* », il pourra jouir des « *honneurs, franchises, libertés, pensions, fruits, profits, revenus et émoluments y attribués... ainsi qu'en jouissent les autres écuyers académistes dans les autres Provinces du Royaume* ». Le 13 mars 1690, François de La Fosse demande donc à la ville un logement pour l'Académie et en obtient 300 livres « *pour son logement et toutes autres choses* ».

Les charges étant héréditaires, c'est tout naturellement Paul Louis de La Fosse qui succédera à son père François, « *qui l'a élevé dignement dans sa profession et qu'il a déjà rendu capable de travailler avec lui* », comme en fait foi un acte du 26 octobre 1706 signé par le même Louis de Lorraine. Là encore les qualités requises pour exercer la charge d'écuyer sont mises en avant : bonnes mœurs, probité, expérience, fidélité, affection au service du roi, appartenance à la religion catholique, apostolique et romaine...[8] Mais nous verrons que ces bonnes qualités s'accompagnent aussi d'un entêtement qui causera bien des soucis aux consuls !

En 1732, Paul Louis Sarrasin de La Fosse démissionne. Charles de Lorraine, comte d'Armagnac, gouverneur et lieutenant général de S.M en la province de Picardie, Artois, Boulonnais, Grand Sénéchal héréditaire de Bourgogne qui a hérité aussi de son père Louis la charge de Grand Ecuyer de France « *donne et octroie au sieur Henry Hyacinthe Paget la charge et place d'écuyer tenant l'Académie du Roy à Riom* »[9].

8) A.C, id

9) Acte du 4 août 1731 enregistré au bureau des finances de Riom. A.C, id

Mais Paget décède en 1734. En 1735, Charles de Lorraine nomme, pour le remplacer à la tête de l'Académie Royale, André Philippe Corus « *de bonnes vies et mœurs* »[10]. L'âge venu, André Philippe cède la place à son fils : Antoine Joseph Corus de Chaptes qui sera le dernier écuyer de l'Académie Royale de Riom.

Un établissement convoité

Riom et Clermont, on le sait, nourrissaient l'un envers l'autre une âpre et séculaire jalousie. La possession de l'Académie fut aux XVIIe et XVIIIe siècles l'un de ces motifs d'affrontement.

Le 18 août 1672, le premier consul de Riom, Martin, informe ses collègues que le sieur Duchery, Ecuyer de la ville de Clermont, prétend « *par une nouveauté extraordinaire* » empêcher le sieur La Fosse de continuer l'Académie à Riom et qu'il a « *même obtenu par surprise* » un arrêt du Conseil privé en ce sens. Pas question de se laisser faire ! L'avocat de Macholles est immédiatement chargé de présenter « *une requête d'opposition* »... En août 1674, enfin, un arrêt du Conseil « *contradictoirement rendu* » conserve l'Académie à Riom. Mais Clermont ne s'avoue pas vaincu. En 1675 encore, Duchery exhibe une ordonnance lui accordant l'Académie de la province. Il faut débourser une coquette somme à l'abbé Faydit et à un avocat pour faire rechercher l'arrêt et envoyer des messagers aux principales villes pour le leur rappeler[11].

Au début du mois de juin 1741, nouvelle alerte, encore plus grave. On apprend, « *avec le plus grand étonnement... par la voix publique* » que l'Académie a bel et bien été transférée à Clermont, et ce par ordre du Roi Louis XV lui-même ! Les échevins, scandalisés, réagissent immédiatement[12]. Ils chargent Brugière de Laverchère, maître particulier des Eaux et Forêts d'Auvergne, qui se trouve à Paris, de faire toutes les démarches nécessaires pour faire révoquer une décision si préjudiciable aux intérêts de

---

10) A.C, id. Acte du 9 avril 1735

11) A.C GG134, BB79, BB80, C129

12) Il s'agit des 3 consuls Jean-Baptiste de Chamerlat des Guérins, avocat, François Archon, procureur, et Antoine Sauvageon, marchand.

la ville. Ils contactent tous ceux qui fréquentent la Cour et pourraient les soutenir, comme l'évêque d'Agen[13]. Ils multiplient lettres et mémoires à l'intention de ceux qui détiennent l'autorité. Ils préviennent l'Intendant de la généralité, Rossignol[14], qu'ils ne se laisseront pas dépouiller, en lui rappelant que « *si la ville de Riom n'est pas la capitale de la Province, elle est le chef du Duché d'Auvergne, le chef de toutes les villes de la Province, pour l'exercice de la justice, assemblées et convocation du ban et de l'arrière-ban ; c'est le siège de la généralité* »[15] ! Ils écrivent au Prince Charles de Lorraine, Grand Ecuyer de France qui, déjà sollicité par Clermont quelques années auparavant, avait donné « *l'assurance qu'il ne ferait aucun changement, étant content de l'Académie de Riom* ». Ils se tournent enfin vers le ministre et secrétaire d'État, le comte de Saint-Florentin[16]. Un premier mémoire assez succinct lui est adressé, puis un second plus détaillé. Bref, rien n'est négligé pour remporter la bataille !

Enfin, en juillet 1741, après un mois d'inquiétude, des courriers parviennent de Versailles et de Paris, apportant l'heureuse nouvelle : Sa Majesté, contactée par son ministre et sur examen des titres produits par les deux villes concurrentes « *a jugé à propos de révoquer les ordres qu'elle avait donnés pour transférer à Clermont l'Académie établie dans celle de Riom* ». Brugière de Laverchère écrit aux échevins de Riom, le 25 juillet qu'il s'est empressé de remercier Saint-Florentin au nom de la ville et ajoute : « *J'ai été aussi faire mon compliment à M. le Prince Charles, mais comme il s'intéresse pour la ville au-delà de ce qu'on pourrait l'espérer, je crois que vous ne pourrez vous dispenser de lui écrire et de lui envoyer des pâtes d'abricots si on*

13) Joseph Gaspard Gilbert de Chabannes, né à Riom en 1702, après avoir occupé d'importantes fonctions dans l'Église, avait été nommé évêque d'Agen en 1735

14) Bonaventure Robert Rossignol, Intendant d'Auvergne de 1735 à 1748, ne cachait pas sa préférence pour Clermont dont il avait fait sa résidence, alors qu'il possédait une maison meublée à Riom.

15) A.C, GG135

16) Le comte de Saint-Florentin avait succédé en 1725 à son père, le duc de La Vrillière, comme Secrétaire d'État de la Religion Prétendue Réformée. Mme de Lauraguais, qui avait un temps séduit Louis XV par ses plaisanteries, appelait Saint-Florentin « le cochon de lait » en fait de nouvelles »[17]. Riom savoure sa victoire et toutes les congratulations que chacun s'empresse de lui adresser !

Il est intéressant de revenir sur les arguments des véritables plaidoiries développées par les consuls de Riom (dont l'un est avocat et l'autre procureur !) pour obtenir la conservation de l'Académie. Le caractère frauduleux de la démarche de Clermont qui, « *dans le plus grand secret* » a présenté à Versailles « *de faux exposés* » pour obtenir la translation, est dénoncé. Après avoir rappelé l'ancienneté de cette possession, les consuls démontent la machination clermontoise.

- Comment prétendre, sans la moindre preuve, que la noblesse d'Auvergne souhaite ce changement ? N'est-ce pas à Riom que se trouve le centre de ses affaires, car même les habitants du pays de Combrailles et d'une partie de l'Auvergne, qui sont de la généralité de Moulins, ressortissent de la sénéchaussée de Riom où se rend la justice ?

Le prix de toutes les denrées est plus élevé d'1/3 à Clermont, c'est un fait de notoriété publique, « *parce qu'il y a une grande consommation et que cette ville est très riche et très commerçante ; il n'y a au contraire, dans la ville de Riom, une des plus jolies villes du Royaume et des mieux bâties, située dans un terroir des plus fertiles, aucune espèce de commerce*[18] ». Alors, si tout est plus cher d'1/3 à Clermont, les pensions des académistes qui sont à Riom de 600 livres seront là-bas d'1/3 en plus. Or ce ne sont pas les enfants de la grande noblesse et les personnes riches qui fréquentent l'Académie : ceux-là vont à Paris faire leurs exercices, mais ceux des « *gentilshommes dont la fortune ne répond pas à la naissance* », et « *tel gentilhomme chargé d'une nombreuse famille qui fait effort pour donner de l'éducation à*

---

17) A.C, GG135 Cette histoire de pâtes d'abricots en rappelle une autre. En 1726, le vicomte de Beaune, gouverneur de la province, avait écrit aux consuls de Riom « qu'il est surpris que la ville ne lui fasse pas un cadeau, comme l'ont fait les échevins de Clermont qui lui ont envoyé des pâtes d'abricots » (A.C, BB103). C'est ce même vicomte de Beaune qui, poursuivant Riom de son aigreur, était déjà intervenu, sans succès, auprès du Grand Ecuyer, quelques années auparavant, pour faire transférer l'Académie à Clermont et y placer un homme à lui. Il y a tout lieu de croire que c'est lui qui avait arraché au roi sa première décision.

18) A.C, GG135. On retrouve ici le dédain bien connu des Riomois pour Clermont qui n'est qu'une ville de négoce. On naît commerçant à Clermont, disait-on, comme on naît magistrat ou homme de lettres à Riom !

ses enfants et les mettre en état de servir le Roy... se verrait dans la cruelle nécessité de garder ses fils auprès de lui, si la pension était augmentée ».

- Clermont a osé prétendre que l'Académie était en mauvais état, « *qu'il n'y avait même aucuns chevaux dans cette Académie, et par conséquent aucuns jeunes gens* », écrit-on au comte de Saint-Florentin. « *Mais tous ces faits ne sont que des illusions. Il y a plus de 20 chevaux dans l'Académie. Il y a même à présent 11 jeunes gens qui y montent, et si depuis quelque temps, il ne s'y trouve pas autant de jeunes gens qu'il y en a ordinairement, ce n'est que l'effet de la calamité* » ! Un certificat du 28 juin 1741, établi à la demande de l'Intendant Rossignol, montre qu'il y avait, en fait, à cette date, 13 académistes... dont 3 officiers du régiment Royal Allemand en quartier à Riom qui vont partir le 13 juillet avec leur régiment[19].

19) Ce certificat établi par Pierre Urion, conseiller du roi, lieutenant général criminel honoraire en la sénéchaussée d'Auvergne et au présidial de Riom, et subdélégué au département de Riom, chef-lieu de la généralité, dresse la liste nominale des académistes A.C, GG135

- Le dernier argument a trait à l'écuyer Corus lui-même. Venu de l'Académie de Caen où il était sous-écuyer, il ne manquait pas d'ambition pour donner du lustre à l'établissement riomois : dès sa nomination, il a fait imprimer un placard sur « *l'Académie royale, tenue par M. Corus, Ecuyer du Roy à Riom* »[20] où sont prévus non seulement un maître d'armes, mais encore un maître à danser !

Mais sans doute a-t-il été déçu par la maigre fréquentation de son académie... Les consuls se font l'écho des rumeurs qui avancent que c'est Corus lui-même qui a demandé le transfert de l'Académie à Clermont : « *il ne serait pas étonnant que cet écuyer, séduit par des espérances qu'on lui a fait concevoir, ou dans la crainte de déplaire à des personnes puissantes ait méconnu ses véritables intérêts... On a représenté qu'il se ruinait à Riom, alors que son séjour ne lui a pas été infructueux* »... Bref, concluent sèchement les consuls dans leur lettre à l'Intendant, « *il ne faut pas confondre les intérêts de la ville et la volonté de l'écuyer* » !... Bien des années plus tard, Corus qui décidément n'aime guère Riom se plaint, nous le verrons, que la ville ne lui donne pas d'argent pour se loger... alors même qu'il habite l'hôtel que celle-ci a acheté pour en faire l'Académie !

En octobre 1788, encore, il y a une ultime tentative de Clermont pour « *dépouiller Riom d'un établissement antique soutenu à grands frais* ». À nouveau on écrit au Grand Ecuyer de France (il s'agit alors du Prince de Lambesc)[21]. Cette fois, Clermont a imaginé un nouveau stratagème pour enlever l'Académie, sans doute avec la complicité d'Antoine Corus, allant jusqu'à proposer de décharger la province du traitement de l'écuyer et même de l'augmenter, alors que celui-ci vient d'être porté à 2 400 livres ! « *Proposition licencieuse* », « *piège grossier* », Riom proteste vigoureusement contre pareille injustice, reprenant les séculaires arguments : l'ancienneté de l'Académie à Riom, l'arrêt de 1674, l'intérêt pour la noblesse de l'y conserver, car « *les dépenses y sont moindres et les mœurs moins en danger* » etc. Il ironise aussi sur le prétexte illusoire de vouloir supporter le traitement de

---

20) cf. Divers aspects de l'enseignement à Riom du XVe au début du XXe siècle Catalogue de l'exposition au Musée Mandet. 1987

21) Charles Eugène de Lorraine, duc d'Elbeuf, prince de Lambesc, né en 1751, était aussi colonel, propriétaire du régiment Royal Allemand

l'écuyer : comment Clermont le pourrait-il, alors qu'il fait « *payer l'imposition de ses Bois et Lanternes à la province, tandis que nous faisons la même dépense, sans en rien rejeter sur nos voisins* » ![22]

Ainsi voyons-nous combien Riom tenait à son Académie Royale, véritable ornement dont on se plaisait à souligner l'utilité, et pourtant que de soucis et de dépenses entraînait-elle ! La préoccupation première était celle de trouver des locaux convenables.

L'épineuse question du logement de l'Académie

Nous ne savons pas où fut d'abord installée l'Académie. Lorsque François de La Fosse est nommé écuyer en 1689, il demande à la ville un logement et obtient par an pour celui-ci la somme de 300 livres. Une inscription doit figurer sur la principale porte de l'établissement.

En 1721, en tout cas, La Fosse occupe, à titre de locataire, une partie de la maison du sieur de Fretat[23]. Cette maison, construite au début du XVIe siècle n'est rien d'autre... que le bel hôtel de Cériers, passé au XVIIe siècle à la famille de Fretat, qui en a fait reconstruire la façade. Le 29 mai 1721, l'écuyer informe la ville que le sieur de Fretat, qui a décidé de vendre son hôtel, l'a prié de vider les lieux « *au jour de la Saint-Jean-Baptiste prochain* », à moins de payer un loyer de 920 livres ! Il demande donc que la ville lui trouve un autre logement, faute de quoi il ira faire sa résidence... à Clermont ! La Fosse a trouvé le point sensible, l'argument choc ! Les consuls mettent sur pied un plan ingénieux, car eux-mêmes ont formé le projet d'acheter cette maison pour en faire le nouvel Hôtel de ville[24]. Pourquoi ne pas loger l'Académie au « *Logis du Dauphin* » qui se trouve « *à proximité de la place appelée le pré Madame* » ? Immédiatement, les consuls proposent aux frères Jourdan, propriétaires de cette auberge de la leur louer ou vendre, et proposent aussi à « *MM. du chapitre de la Sainte Chapelle* » de leur payer la rente qu'ils perçoivent sur cette maison. Hélas, ils se heurtent au double refus des frères Jourdan et du chapitre !...

---

22) A.C, GG135

23) A.C, BB102

24) L'ancien Hôtel de Fretat est toujours aujourd'hui l'Hôtel de ville

Cependant, ils ne renoncent pas : ils achètent l'hôtel de Fretat, consentant à y garder provisoirement l'écuyer, puisque celui-ci abandonne les 300 livres qu'il percevait. Mais, le 1er janvier 1722, ils notent « *qu'il est nécessaire qu'il vide l'appartement qu'il occupe dans l'hôtel de ville* ». Le 24 février 1722, ils essaient de relancer la piste du Logis du Dauphin, en demandant l'aide de l'Intendant. « *En attendant, comme il est nécessaire de pourvoir à la commodité de l'appartement qui sera convenable audit sieur de La Fosse dans le nouvel hôtel de ville* », on décide des « *réparations utiles et nécessaires* ». Un couvert ou halle dans la cour à l'arrière, auprès des écuries, est construit pour servir au manège, et on fait « *accommoder la salle basse qui est à plein pied de la cour du côté de bise pour servir de salle d'armes* »...

Le sieur de La Fosse doit être satisfait de ces aménagements, car les mois passent et le projet du Logis du Dauphin n'ayant manifestement pas abouti, il ne semble pas pressé de partir. Or, voici que l'on voudrait recevoir dans la maison de Fretat le nouvel Intendant, M. de La Granville[25], qui a témoigné le désir de venir faire quelque séjour à Riom. Le 20 octobre 1723, on demande donc à l'écuyer de se loger ailleurs, où bon lui semblera, puisqu'il percevra à nouveau 300 livres par an. On décide de faire démolir « *le manège couvert du jardin qui ôte la vue d'une partie des fenêtres de ladite maison et de le faire transporter dans le jardin des anciennes casernes pour y rester et servir audit sieur de La Fosse, tant qu'il plaira à ladite ville* ». Mais La Fosse refuse de partir ! Trois jours plus tard, le 23 octobre 1723, les consuls constatent avec colère que « *quelques diligences qu'ils ont faites pour engager le sieur De La Fosse à sortir de la maison qu'ils ont acquise de M. de Fretat, il ne leur a pas été possible d'y réussir* ». On prévoit une nouvelle démarche auprès de l'écuyer récalcitrant, et « *dès demain* » de prendre les dispositions pour faire déplacer la partie qui sert de couverture au manège dans l'hôtel de Fretat... Peine perdue : La Fosse ne bouge toujours pas ! Il faut bien cependant recevoir l'Intendant ! Le 1er janvier 1724, les consuls, excédés, décident « *de faire incessamment au sieur De La Fosse une sommation afin qu'il vide ladite maison et lui offrir un appartement dans les vieilles casernes dont les murailles seront blanchies* ». Cette fois, La Fosse est obligé de déguerpir ![26]

---

25) Jean Louis Bidé de La Granville est Intendant d'Auvergne de 1723 à 1727

26) Un texte du 25 juillet 1726 mentionne dans le nouvel hôtel de ville « l'ancienne salle d'armes où un corps de garde aura son appartement »

C'est donc dans les vieilles casernes que l'Académie, son manège et son écuyer doivent s'installer et la rue des Vieilles Casernes prendra le nom de rue du Manège[27]. Paul Louis Sarrasin de La Fosse ne doit pas beaucoup apprécier cet arrangement. L'endroit est en mauvais état : le 1er janvier 1732, il est fait mention au conseil municipal « *des réparations successives pour l'agrandissement du manège de l'Académie* », pour lesquelles un bail est passé avec l'entrepreneur Porte pour la somme de 700 livres. Le 2 mars 1732, l'Intendant transmet à la ville la requête de l'écuyer qui demande que la somme de 300 livres qu'il perçoit pour se loger soit portée à 400, mais la ville rechigne à cette mesure coûteuse[28]. C'est sans doute parce qu'il en est dégoûté que La Fosse démissionne de l'Académie.

Quand André Philippe Corus arrive à Riom, en 1735, comme nous l'avons vu, il réclame « *un logement convenable pour tenir l'Académie* », et en attendant, passe aussi par le truchement de l'Intendant pour demander 400 livres pour se loger. Il loue, alors, un appartement dans l'ancien hôtel de Ferriolles, tout près du manège[29].

Il semble que l'Académie occupait, à cette époque, toute la partie arrière des vieilles casernes qui allait jusqu'aux remparts. Clouard fait état d'un document de 1739, lorsque fut décidée la démolition des murailles. Il y eut adjudication au corps de ville du « *mur de ville, depuis la porte de Layat jusques et compris la tour de l'Académie (c'est-à-dire l'ancienne tour de Layat) et le long du jardin de l'Académie* » ainsi que du « *mur de ville jusqu'à la rue des Cazernes* »[30].

En septembre 1741, après avoir obtenu la conservation de l'Académie, on décide, dans un bel élan d'enthousiasme, en se référant à la délibération de 1735, de « *pourvoir d'une manière stable au logement de l'écuyer et cependant de faire faire les réparations nécessaires au manège* », preuve que le problème n'était pas encore réglé ! En fait, celui-ci était... d'ordre financier.

---

27) C'est l'actuelle rue Malouet

28) A.C, BB107

29) A.C, BB 109 et GG 136

30) E .Clouard, op.cité

Le 28 janvier 1743, les échevins exposent que « *dans le dessein où est la ville de ne rien négliger pour l'embellissement et l'entretien de l'Académie royale qui y est établie et notamment de faire faire une tribune au manège, ils pensent qu'il serait à propos de trouver un petit fond pour être employé à ces réparations* ». Pour ce faire, on n'hésite pas à recourir à un étonnant tour de passe-passe, une véritable partie de chaises musicales ! Le nommé Coullaud perçoit 100 livres de gages pour entretenir la place du Pré de Madame et le fossé qui est entre la porte de la Bade[31] et celle de Clermont. Il suffit de le mettre portier à la porte de la Bade : celui qui est à ce poste perçoit seulement 20 livres de gages, mais il est logé, habillé de bleu à la livrée de la ville, exempté de la taille et de toutes impositions de logement de gens de guerre. En outre, « *en faisant faire une petite fenêtre à sa chambre dans le mur de la ville, il garderait les arbres du pré de Madame et le fossé ; et son habillement à la livrée de la ville le rendrait plus respectable à ceux qui pourraient endommager les arbres* ». Il aurait soin « *d'entretenir la place du pré de Madame et le fossé qui est entre la porte de Clermont et celle de la Bade, et de tailler les arbres, les embuissonner, en lui fournissant les buissons, en temps, et saison convenables, tenir les allées propres et bien ratisser* ». Les échevins ont tout de même un petit scrupule à donner plus de travail à Coullaud, en lui donnant 20 livres, au lieu des 100 qu'il percevait. Ils ajoutent donc : « *Comme cette somme ne serait pas suffisante, la ville lui donnera tous les ans pareille somme, ce qui lui fera 40 livres de gages* ». D'autre part, « *le nommé Jérome André, actuellement portier de la porte de la Bade délogera incessamment et ira demeurer portier à la porte de Layat et le nommé Laduis qui est actuellement portier se retirera, mais pour lui tenir lieu de récompense du long service qu'il a rendu à la ville pendant 32 ans, il sera exempt pendant la vie de taille et autres impositions et de logement de gens de guerre* » ![32]

Que de tracas pour économiser quelques dizaines de livres par an ! C'est que les réparations envisagées à l'Académie coûtent si

---

31) En 1726, on avait décidé la démolition de la porte de la Bade jugée trop étroite et la construction d'une nouvelle, avec une inscription portant son nom : porte de La Grandville, du nom de l'Intendant de l'époque. Cette porte fut-elle réalisée ? En tout cas, on continua à parler de la « porte de la Bade ». A.C, BB103

32) A.C, BB110

cher ! En 1744, il faut encore verser une pension à « *l'ingénieur* » Saladin qui a fait des devis estimatifs pour celles-ci.

En 1758, enfin, la ville se décide à une nouvelle opération, bien compliquée et onéreuse mais qui doit assurer la pérennité de l'Académie et augmenter son prestige : l'achat de la maison où l'écuyer habite « *depuis de nombreuses années* »[33].

Il s'agit du bel hôtel de Ferriolles construit sur une longue parcelle dans la seconde moitié du XVIe siècle, « *situé quartier Saint-Amable, qui se confine par la grand-rue des Taules, d'orient par la maison de M. Carraud, de septentrion par autre rue d'occident et par la maison du sieur Deslan de midi* ». Guillaume de Ferriolles et son fils Pierre avaient été trésoriers de France au bureau des finances de la généralité de Riom. Après leur décès, en 1755, un bourgeois de Paris, Joseph Dessailland, se porte

33) Toutes les étapes de l'achat de l'hôtel de l'Académie sont minutieusement consignées. A.C, GG 136. Il s'agit de l'hôtel du 22 de l'actuelle rue de l'Horloge

adjudicataire de tous les biens de ceux-ci « *saisis réellement* » et donne procuration à un avocat au Parlement, Simon Groisne, pour procéder à la vente de l'hôtel. Mais il faut régler plusieurs problèmes.

- Le premier consiste pour « *le corps commun des habitants de la ville* » à obtenir l'autorisation royale d'achat. En effet, l'édit de 1749 interdit « *aux gens de mainmorte* » d'acquérir un bien sans s'être pourvus de lettres patentes du roi[34]. En février 1758, Louis XV signe donc ces lettres patentes qui permettent à la ville d'acheter « *la maison qu'occupe aujourd'hui l'écuyer et dans laquelle on fait tous les exercices* ».

- Le deuxième problème touche à la maison elle-même : est-il bien judicieux de l'acquérir... et surtout le prix demandé (5 000 livres, payables en 3 termes égaux d'un an) n'est-il pas trop élevé ? À la requête du procureur général, le procureur du roi nomme un expert pour visiter et estimer la maison. C'est l'architecte et géomètre Claude François Legay qui, le 12 avril 1758 fait le serment, « *la main levée à Dieu* », de bien s'acquitter de cette mission.

Le 24 avril, on voit aussi 11 personnes parmi les plus respectables de la ville, aristocrates ou hommes de loi, déposer, également sous serment, que cet achat est « *très avantageux* » pour la province et pour la ville. Ils soulignent tous l'emplacement favorable, « *à portée du manège appartenant à la ville et qu'on ne sera plus dans l'embarras de pouvoir trouver un logement pour l'Académie* ». Plusieurs, dont le comte de Sampigny, Guillaume Michel Chabrol ou Guillaume Dujouhannel remarquent que cette maison, vaste, n'est pas chère, qu'on économisera un loyer, même si l'avocat Touttée observe qu'elle est en mauvais état !...

Le 1er mai 1758, Legay procède donc à la visite et à l'estimation de la maison « *située dans le plus bel emplacement de la ville et donnant sur la plus grande rue et la plus fréquentée* ». Au rez-de-chaussée, de part et d'autre de la porte d'entrée, il décrit deux grandes pièces donnant sur la rue, bien éclairées : celle de gauche,

---

34) Machault d'Arnouville, contrôleur général des finances, avait pris en août 1749 un édit interdisant aux personnes morales , corps et communautés ecclésiastiques et laïques- « les gens de mainmorte »- qui, étant perpétuels, ne produisaient aucune mutation par mort, d'acquérir des biens sans autorisation spéciale.

la plus grande, est très propre à faire une salle d'armes, d'autant plus qu'étant sur voûte, elle est « *en état de résister au mouvement que peut procurer l'exercice des armes* » ; la seconde, proche de la cuisine, est très propre à faire « *un salon à manger* ». Au-dessous sont de très beaux cuvages et une belle cave « *dont les entrées sont bien pratiquées* ». Donnant sur une grande cour, il y a deux autres grandes pièces voûtées pouvant servir de cuisine et d'office, avec garde-manger attenant. Il y a aussi « *deux écuries dont l'une est propre à tenir six chevaux et l'autre deux, lesquelles sont placées commodément pour prendre soin des chevaux et n'incommodent nullement le bâtiment par la mauvaise odeur ou par aucun autre désagrément* », grâce à une cour à fumier à l'arrière de la maison, reliée aux écuries et « *qui a sa sortie sur une fausse rue* »... La visite se poursuit au 1er et au 2e étage, et Legay note tout le parti que l'on peut tirer des lieux : on peut, au total, aménager 10 chambres pour les académistes, dont 6 avec un cabinet et une cheminée et 4 avec cheminée, sans cabinet. En conclusion, l'architecte évalue la maison à 7 000 livres.

- Enfin, l'acte de vente est signé le 22 juin 1758, pour le prix de 5 000 livres. Mais il faut aussi racheter au sieur Groisne la rente de 250 livres par an, entrant dans la succession Ferriolles et due aux

Cour intérieure de l'Académie

religieux de la chartreuse du Port-Sainte-Marie, jusqu'à hauteur de 5 000 livres ![35]

Il faut cependant entreprendre d'importantes réparations, et même « une nouvelle construction », si l'on en croit l'écuyer Corus qui se plaindra plus tard que les travaux aient duré jusqu'en 1763[36].

La ville n'en a pas fini pour autant avec les problèmes de l'Académie. Le 18 mai 1767, Victor Cailhe, notaire royal, dont la maison est mitoyenne avec l'hôtel de l'Académie, veut agrandir et surhausser la cage de son escalier, à l'arrière du mur de l'Académie. Un « traité » très précis, est donc préparé. Il prévoit aussi qu'« *un autre mur mitoyen qui forme la séparation de la grange du sieur Cailhe et une ancienne écurie de l'hôtel de l'Académie, corrompu dans tout son contenu, et dont une partie s'est écroulée depuis deux jours, ainsi que la voûte de l'écurie de l'Académie, sera refait à neuf en entier à frais communs* ». Le 6 septembre 1767, à 10 heures du matin, l'assemblée des notables[37] et des conseillers de la ville se réunit à l'hôtel de ville. Elle a été convoquée selon l'usage, « *dès le jour d'hier par billets envoyés... et encore aujourd'hui annoncée par le timbre de la cloche de la grande horloge* ». Sous la présidence de Gaspard Claude François Chabrol, président et lieutenant général criminel en la sénéchaussée d'Auvergne et siège présidial de Riom, cette assemblée approuve et ratifie le traité du 18 mai. C'est seulement en février 1769 que l'ingénieur Legay effectue le toisé du mur mitoyen entre la cour qui se trouve à l'arrière de l'Académie et la grange de Cailhe, mur dont chaque propriétaire doit payer pour moitié la réfection.

---

35) La ville a dû cesser, au bout de quelques années de payer cette rente. Le 1er mars 1789, Frère Christophe Antoine Gerle, prieur de la chartreuse du Port-Sainte-Marie, reçoit de la ville de Riom la somme de 3000 livres qui était encore due au couvent, suivant l'acte du 22 juin 1758.

36) Corus était décidément un homme intéressé. Dans une lettre, adressée sans doute à l'Intendant, et postérieure à 1764, il réclame de la ville la somme de 1600 livres. Il prétend, en effet, avoir bien reçu des consuls la somme de 400 livres par an pour son loyer, de 1735, date de son arrivée à 1755, date, dit-il, de l'achat par la ville de la maison Ferriolles. Il soutient qu'un délibératoire de 1755 (dont il ne peut cependant apporter la preuve) avait décidé de lui accorder 200 livres par an jusqu'à l'achèvement des travaux. Or, de 1755 à 1763, il n'a rien touché !

37) Il s'agit des représentants des notables de la sénéchaussée, du chapitre Saint-Amable, du clergé, des procureurs et des notaires, des avocats et bourgeois vivant noblement, des chirurgiens et arts libéraux, des marchands, et des artisans. A.C, GG 136

Mais l'Académie n'en finit pas d'être pour la ville un gouffre financier. Une lettre du Prince de Lambesc, Grand Ecuyer de France, aux officiers municipaux de Riom, datée de Versailles, le 13 mars 1788, nous apprend que l'Académie... et son écuyer connaissent toujours des problèmes de trésorerie et que la ville, deux ans auparavant lui a demandé des secours. « *Depuis l'instant que j'ai reçu votre lettre, je n'ai cessé de solliciter le gouvernement d'accorder à cet établissement une augmentation de traitement que l'extrême modicité de celui qui y est annexé et la progression de la cherté des denrées rendent d'une nécessité absolue. Les circonstances ont empêché que les différents ministres des finances qui se sont succédé depuis cette époque, pussent donner suite à la bonne volonté qu'ils m'avaient témoignée. Dans ce moment, le gouvernement a renvoyé cette demande à l'assemblée provinciale et je ne fais aucun doute qu'elle n'en reconnaisse la justice et ne statue favorablement pour l'Académie. Mais en attendant, elle est dans la détresse et exigerait un secours momentané ; je crois qu'il serait de l'intérêt de la ville de faire un effort pour le lui donner, une somme de 1 000 livres dans ce temps-ci et autant dans un an, si à cette époque son sort n'était pas encore réglé, la mettre à même de subsister* » ![38]

Nous avons déjà évoqué la suite, en octobre 1788 : l'augmentation par l'assemblée provinciale du traitement de l'écuyer... et la nouvelle tentative de Clermont, profitant de la situation difficile de l'Académie pour se l'accaparer.

Arrive cependant l'année 1789 : dans la tourmente révolutionnaire disparaissent, après les privilèges, toutes les institutions de l'ancienne monarchie. L'Académie royale a cessé d'exister. Ses pensionnaires se dispersent, et Antoine Joseph Corus de Chaptes, dernier écuyer, reprend du service. Il sera tué à Saint-Domingue, le 20 juin 1793[39].

Ainsi finit l'histoire de cet ancien établissement si cher à la ville, en dépit de toutes les vicissitudes, mais qui affichait, face aux préoccupations mercantiles de Clermont l'idée que Riom se faisait de sa gloire.

Béatrice de ROCHEGONDE

---

38) A.C, GG 135

39) Remacle. Dictionnaire généalogique des familles d'Auvergne

L'ABBÉ JACQUES DELILLE - 1738-1813

Qui était vraiment Jacques Delille, dont une rue de Riom, une place de Clermont-Ferrand portent le nom ? Ce poète, considéré de son vivant, comme un très grand écrivain est peu connu. Sa mère était une Bérard de Chazelle. En lisant le Bouillet, on apprend que cette famille illustre est apparentée aux Sirmond, Bonneville, Mascon, Soanen, Pascal, Fredeville, L'Hospital, Seguy, etc. En 1794, pour l'emprunt forcé du cinquantième, la fortune d'un Bérard de Chazelle est estimée à deux cent

quarante mille livres… Le dernier représentant de cette famille, en 1910, était membre de l'Académie des Sciences, Belles Lettres et Arts de Clermont-Ferrand.

Mais revenons aux débuts de sa vie… Si on connaît bien la mère de Jacques Delille, on ignore qui était son père ! Où est-il né ? Plusieurs lieux furent cités : la Canière, acquise par son oncle Honoré Bérard, seigneur de Chazelle, en 1728 ? Aigueperse ? Il semble que ce soit plutôt Clermont-Ferrand, rue des Chaussetiers ou rue de l'Écu (l'actuelle avenue des États-Unis).

En 1738, il fut reconnu par Antoine Montagnier, avocat au Parlement de Clermont, mais celui-ci mourut peu de temps après, lui laissant une rente de cent écus, ainsi que le pré de Tournebise, au lieudit L'Isle, près de Pontgibaud. Son patronyme de Delille vient sans doute de là.

Il fut placé en nourrice à Chanonat, et dut en garder le souvenir d'un bonheur enfantin, qui retentit encore dans ce poème :

« *Mais ce qui fait des lieux la plus sûre puissance,*
Ah ! Nous l'éprouvons tous, c'est la connaissance ;
C'est le tendre regret, dont les charmes flatteurs
Font des lieux nos amis, en font nos bienfaiteurs :
Pareils à ces esprits, à ces légères ombres,
Qui, sitôt que la nuit étend ses voiles sombres,
Visitent, nous dit-on, leur antique séjour :
Ainsi souvenirs, les regrets et l'amour,
Et la mélancolique et douce rêverie,
Revienne en vers les lieux chers à l'âme attendrie ;
Où nous fûmes enfants, amants, aimés, heureux,
Après le sol natal, toujours cher à nos yeux »

Élevé comme boursier au collège de Lisieux, il fait de brillantes études, devient professeur au collège de la Marche à Paris. Une adroite traduction en vers des Géorgiques de Virgile en 1769 le rend célèbre, le succès est là.

Voltaire en est frappé. Du Comte d'Artois (à qui Riom doit beaucoup), admiratif de son travail, il reçoit l'abbaye de Saint-Séverin accompagnée de 30 000 livres de rente, ce qui lui vaut d'être appelé désormais "l'abbé Delille".

Il est protégé par Mme Geoffrin et par la Dauphine Marie-Antoinette.

Jugé trop jeune par le duc de Richelieu pour être élu à l'Académie Française en 1772, il y entre, à 36 ans, en 1774.

En 1782, il triomphe avec son œuvre la plus connue : *Les Jardins ou l'art d'embellir les paysages* ; plus tard il écrira *Les Trois règnes de la nature,* confirmant ainsi son surnom de poète de la nature, acquis depuis sa traduction de Virgile.

Pendant la Révolution, il se retire à Saint-Dié, chez son ancienne gouvernante, avec laquelle il se marie, puis il s'exile en Suisse, en Allemagne, puis en Angleterre. Rentré en France en 1802, il retrouve sa chaire de poésie au Collège de France et son fauteuil à l'Académie.

En 1803, paraît à Londres son poème *La Pitié,* qu'il a composé pendant son séjour en Allemagne. La préface de l'ouvrage montre quels étaient les sentiments anti-républicains de l'auteur, ennemi de toute violence :

« *L'auteur de ce poème ne se dissimule pas toutes les haines que doit lui attirer sa publication. Il attaque un million de propriétaires illégitimes et des spoliateurs barbares. Aucun regret ni aucun ressentiment personnel n'ont conduit sa plume. Il ne s'est jamais permis aucune satire, n'a répondu à aucune ; et quand il a réfuté quelques critiques de ses ouvrages, c'était moins pour les justifier, que pour dissiper quelques préjugés littéraires, ou pour répandre quelques principes de goût, trop méconnus. Il opposera la même impassibilité au déchaînement dont on le menace : il ne peut effrayer celui qui, sous les couteaux de Robespierre, lui refusa un hymne pour l'Être Suprême, qu'outrageaient ses hommages, que calomniait son existence et qu'a trop tard justifié son supplice.* »

Mais il devient aveugle et meurt en 1813. Sa dépouille est exposée sur un lit de parade au Collège de France, son front orné de lauriers. Il reçut des funérailles nationales. Il est enterré au Père La Chaize.

Cependant la poésie du « Virgile français » est vite critiquée par les romantiques… Ses œuvres, qui ont mal vieilli, ne sont plus aujourd'hui que des documents historiques.

Pierre POULET

LES MAGASINS DU CENTRE DE RIOM DANS LES ANNÉES 50

PREMIÈRE PARTIE

À l'époque dont il va être question, j'habitais rue de l'Horloge, au n° 32, deux maisons après l'ancienne école du Sacré-Cœur. C'est pourquoi, c'est par le bas de cette rue que nous débuterons notre promenade. Arrêtons-nous d'abord devant le restaurant « Le Flamboyant ». C'était la petite épicerie Peuch devant laquelle s'arrêtait le laitier tous les matins vers 6 heures Il faisait partie des bruits matinaux avec celui du ramassage des poubelles.

En plus du lait, on y trouvait tous les produits alimentaires de première nécessité, mais je me souviens plus particulièrement des caramels à 1 franc dont certains étaient gagnants ! Je crois que je ne suis pas la seule à m'en souvenir ! on y trouvait aussi du réglisse, des coquillages, garnis d'une sorte de confiture, des tubes de poudre jaune : du coco que l'on aspirait.-

À l'intérieur, sur la gauche le magasin communiquait avec un petit café où les habitués venaient boire un verre.

La Fontaine des Lions, à cette époque, n'était pas là, mais je la voyais tout de même tous les jours en allant en classe à Notre-Dame-des-Arts, puisqu'elle était Place Malouet.

À l'origine elle était à l'emplacement actuel, mais, au XVIIIe siècle, on l'avait déplacée à cause de la circulation... et au XXe, on l'a remise... Après l'épicerie était l'école Saint-Joseph, puis un petit magasin : aujourd'hui tapissier et salon de thé, à l'époque, il était tenu par, un antiquaire M. Chambon.

À côté, un des rares magasins qui soit resté le même : coutellerie, chasse, pêche, armurerie tenu par M. Guélon. Puis la boulangerie Forestier qui devint pendant de nombreuses années la boulangerie Poux. Le fournil resta à cet emplacement lorsque le magasin se déplaça rue Saint-Amable. Actuellement, il n'y a plus rien. On peut penser que c'était peut-être là que se trouvait la boulangerie des parents du Père Macheboeuf, riomois, premier évêque de Denver !

Nous passons ensuite devant la vitrine rouge de M. Bonnac « le Mysore », d'où parfois se dégage une bonne odeur de café grillé, qui, telle la « petite madeleine de Proust » provoque en moi des sensations faisant remonter tout un passé. Cette bonne odeur en effet, emplissait aussi la rue de l'Horloge dans les années cinquante, bien qu'elle ne provienne pas du même endroit : souvenez-vous, un peu plus haut de l'autre côté de la boule dans laquelle, Mme Bernard faisait griller son café ! Revenons au magasin rouge qui fut pendant longtemps un magasin de confection pour dames « Mano ». À l'époque qui nous intéresse, il s'agissait de Gardelle, luthier. On y achetait « la méthode rose » et autres partitions, puis électrophone et disques vinyles. Quel événement d'aller assister à quelques moments d'un mariage royal ou d'un match devant la vitrine ! C'était le tout début de la T.V. ! Plus tard le magasin Gardelle se déplaça rue de l'Hôtel de Ville, puis rue du Commerce. Juste avant la Tour un coiffeur vient de s'installer là où était il y a quelques mois « Secrets d'alcôve », rien à voir avec la boucherie chevaline de mon époque ! Il y avait eu aussi auparavant la parfumerie Maussang. Après la Tour, « Tout le monde en parle », les chaussures ont succédé aux « Aiguilles de l'Horloge ». Dans les années cinquante, Mme Jeanne Arnaud y vendait des graines ; préalablement, il y avait eu une pâtisserie. Le magasin suivant, aujourd'hui « Diabolo Menthe » était « L'Habilleur » tenu par M. Soulier, puis par son gendre M. Bonnard : à l'origine, il s'agissait d'un magasin de vêtements pour hommes et femmes, puis le magasin pour dames se déplaça rue de l'Hôtel de Ville et devint « Elle » puis « Élise » ; l'Habilleur » restant vêtements pour hommes pendant longtemps. Nous arrivons au sommet de notre montée puisque nous sommes au n° 1, mais avant de traverser la rue, jetons un coup d'œil à l'angle (aujourd'hui Pressing), c'était la charcuterie Dauphant.

Nous voici donc arrivés au Coin des Taules, centre du commerce riomois depuis des décennies. Ne quittons pas pour l'instant la rue de L'Horloge, traversons la simplement. À l'angle, occupé maintenant par une agence immobilière il y eut longtemps un « Économat du Centre ». À l'époque dont nous parlons, et bien après encore, il était tenu par M et Mme Colombier. À côté, le bureau de tabac était et reste bureau de tabac. On y trouvait des découpages très à la mode dans mon enfance. Nous arrivons chez Mme Pannetier la marchande de fromages. La vitrine n'a pas changé si ce n'est qu'elle est abîmée par les ans et hélas toujours fermée ! Tous les Riomois, amateurs de bons fromages, connaissaient la fromagerie de la rue de l'Horloge.

Je revois les grandes tables sur lesquelles étaient installés les Saint-Nectaire, Bleus, Cantals et autres… ainsi que les grosses mottes de beurre et j'entends encore la marchande prenant son fil à la main, me dire « Combien ? » Devant la fenêtre, les œufs étaient dans une cagette. Les caves à trois étages de la rue de l'Horloge affinaient de bien bons fromages ! Certains se souviennent peut-être aussi de la magnifique misère suspendue devant la vitrine. Munie de mon fromage, je m'arrêtais parfois à la pharmacie Joulia, (pharmacie, bureau de tabac, armurerie, les trois magasins de cette rue dont la destination n'a pas changé). J'y achetais notamment pour mes parents à la saison des rhumes, une « potion magique » baptisée « Punch Joulia » fabriquée sur place qui calmait les toux rebelles.

Nous passons maintenant devant le magasin actuellement inoccupé de l'Hôtel Guimoneau. Dans les années soixante, il y eut une auto-école ; à l'époque qui nous intéresse, c'était l'épicerie de Mme Bernard, dont j'ai déjà parlé. Le magasin de vêtements n'existait pas, il y avait un appartement ; à côté, était la « Teinturerie Nouvel » dont l'extérieur a peu changé.

Nous terminons notre descente par « Bébé Cash », auparavant magasin de sport, plus anciennement maison Détruit, ameublement, literie. C'était l'imprimerie Legendre. Enfin le coiffeur, dans les années cinquante, c'était une menuiserie tenue par M. Paul Pouzat.

Petite conclusion concernant la rue de l'Horloge : il y a cinquante ans on pouvait s'approvisionner en nourriture sans quitter la rue : une boulangerie, une fromagerie, une boucherie, une charcuterie, trois épiceries, aujourd'hui plus rien de tout cela, par contre, les dames qui l'habitent ont le choix entre deux coiffeurs !

Remontons maintenant au Coin des Taules, et tournons à droite à l'angle de l'Économat, nous sommes rue Saint-Amable ; la bijouterie Striffling, déjà bijouterie, était tenue par M Jaffeux, le frère du peintre ; à côté, nous voici chez Mme Rolland où on peut trouver vaisselle et cadeaux ; dans les années cinquante, c'était le « Grand Bazar » depuis 1894. Plusieurs d'entre nous se souviennent du Père Noël assis dans le grand escalier au milieu du magasin et auprès duquel les enfants pouvaient se faire photographier, mais je me suis laissé dire que certains en avaient peur !...

À côté, la droguerie Gonnard, puis Widinsky où l'on trouvait tout ce qui pouvait permettre de faire chez soi des travaux d'entretien ou de rénovation, ce qui n'existe plus aujourd'hui dans le centre de Riom. Ensuite, venait le petit magasin d'alimentation de Mme Chevalier, c'était un peu cher, mais elle avait de bons produits, je me souviens particulièrement des petits-suisses que l'on pouvait acheter par boîtes de 3 ou de 6.

Ensuite, à la place du Crédit Mutuel actuel, la quincaillerie Rolland qui donnait à la fois sur la rue Saint-Amable et sur la Place Malouet. Plus de quincaillerie non plus aujourd'hui dans le centre-ville ; il y en avait deux dans la même rue, il y a 50 ans...

Traversons la place Malouet : Marie Bonnet tient sa boutique de vêtements depuis les années 60. Auparavant, donc dans les années qui nous intéressent, c'était la maison Lacot-Mouty, magasin de toile et de lingerie des grands-parents maternels de M. Bonnet. Sa mère, Mme Marguerite Bonnet avait un atelier de couture au premier étage. Dans la famille de la mère de M. Bonnet on était commerçant à Riom depuis 1700 environ.

: Maison LACOT-MOUTY :

13, Rue Saint-Amable, RIOM

TOILES — BLANC — TROUSSEAUX
LAYETTES — BONNETERIE — LINGERIE
- *Spécialité de Chemises d'Homme* -
CRAVATES :-: FAUX-COLS
ARTICLES DE MARQUE

À côté, « Maille et Coton » fut pendant longtemps la maison Delort, où l'on trouvait de la très belle vaisselle. Nous voici à la Basilique Saint-Amable, et faute de temps, il nous faut rebrousser chemin, sans aller jusqu'à la Place Saint Jean.

Traversons la rue, et laissons de côté le restaurant Saint-Amable, ainsi que la pharmacie Saint-Amable. À côté, avant l'agence actuelle, sorte de petit bazar où l'on vendait un peu de tout, notamment des jouets, tenu par Mme Chambon. Le coiffeur « Shine » qui fait l'angle avec la rue de la Caisse d'Epargne (ex rue Grenier) existe depuis longtemps.

Dans les années 50, M. Monnier coiffait les hommes rue Saint-Amable et Mme Monnier, les dames, rue Grenier, jusqu'en 1968 où ils furent remplacés par la famille Klein.

De l'autre côté de la rue de la Caisse d'Épargne, nous nous arrêtons à la boucherie Vialle, Simonin auparavant ; dans les années cinquante, la boucherie André. On avait le choix à cette époque, puisque deux bouchers étaient à quelques mètres l'un de l'autre ; Passons devant « Saveurs d'Asie », c'était un Familistère ; la boutique « Aux clés du Palais » était une mercerie où la tenancière Mme Dick remaillait les bas. À côté, depuis quelques années, « Julie Guerlande » (auparavant les chaussures « Chounette ») puis une belle porte et une autre boutique de vêtements « Novel Shop ». Ces deux magasins étaient la maison Servouse (fondée en

1853) où l'on trouvait, comme le dit la publicité, « outillage, ménage, chauffage… » Comme la vitrine de la maison Servouse était attirante, lorsqu'à la période de Noël tournait le petit train électrique !

La boucherie André

« Riom Ménager » : il y a quelques années le magasin de sport était le magasin de lainages « Thépenier ». Si vous avez un cadeau à faire pour une naissance, ou si vous avez des petits-enfants, vous allez peut-être à « Version tendresse ». C'était la boucherie Constant et depuis 1950 la boucherie Loubaresse. Dès 1937, M. et Mme Loubaresse étaient plus loin dans la même rue, là où se trouve maintenant le magasin Singer. Nous voici à l'ex-boulangerie Poux, maintenant, vêtements Criminal. Dans les années cinquante, c'était la chapellerie de M. Laden. Je me souviens du chapeau dessiné dans le carrelage à l'entrée du magasin.

Et nous revoici au Coin des Taules, devant la bijouterie Levadoux qui fut auparavant magasin d'électroménager, la maison Domas, puis Savignat. On peut remarquer la différence de style entre cette maison et les autres, elle fut démolie et reconstruite vers 1960-61. Auparavant, elle était restée, semble-t-il, assez longtemps inoccupée ; les palissades qui la fermaient étaient recouvertes des affiches du cinéma. Dans le passé, le magasin dit « Au coin des Taules » tenu par M. Jallin était un magasin de vêtements où l'on faisait notamment les retouches pour les facteurs ; à côté, rue du Commerce, il jouxtait un autre magasin de vêtements : souvenez-vous de Conchon-Quinette puis Sigrand-Covett. Conchon Quinette avait succédé au début du XXe siècle à « La Belle Jardinière » tenu par M. Mouty, grand-père de M. Bonnet dont nous avons parlé tout à l'heure. Si on en croit une publicité de 1949, la maison Conchon-Quinette avait longtemps gardé l'appellation « À la belle Jardinière ». Quelques pas seulement rue du Commerce, car nous flânons mais le temps presse ! Nous passons devant « Riom Annonces ». Ce fut l'imprimerie et la librairie Vau, auparavant c'était l'épicerie en gros Blazeix qui avait ceci de très particulier : suivant que l'on se trouvait en face, à gauche ou à droite on lisait au-dessus du magasin : épicerie-confiserie-droguerie ».

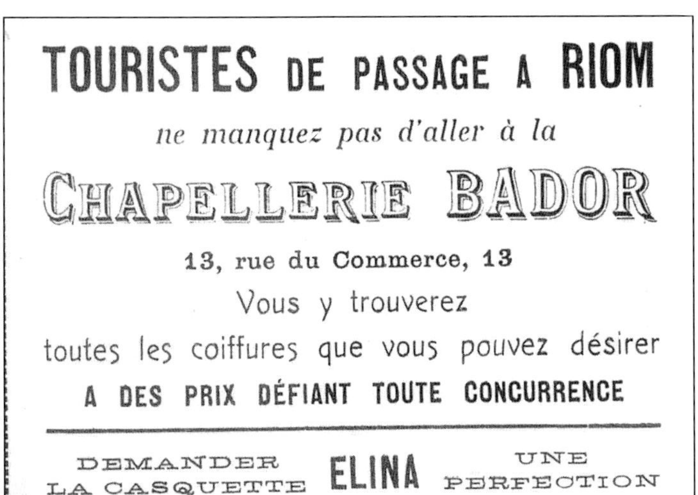

Évoquons rapidement, à la place d'« Auvergne-Provence », les demoiselles Bical qui vendaient de la lingerie, puis la maison Mathias (maintenant « Élégance »), où l'on pouvait acheter fruits, légumes ou poisson. Nous arrivons au magasin de vêtements Imbert qui a fêté son centenaire l'année dernière (toujours tenu par la même famille, ils en sont à la quatrième génération). À côté remarquons la Caisse d'Epargne, auparavant, il y eut une teinturerie et la chapellerie Bador.

Avant de quitter la rue du Commerce, nous entrons dans la mercerie de Mme Marcy (maison Gourgouillon) juste après la pharmacie Bardin, à l'époque qui nous intéresse : le meuble est toujours le même, et certaines marques de vêtements n'ont pas changé, comme « Petit Bateau »…

Par manque de temps, nous n'irons pas plus loin dans la rue du Commerce et nous ne traverserons la rue que pour jeter un coup d'œil au magasin de chaussures Scarlett dont le nom est toujours le même, et nous nous contenterons d'apercevoir le début de la rue de l'Hôtel de Ville, pour terminer par un dernier regard sur le Coin des Taules.

Ce rapide survol « à la recherche du temps perdu » est nécessairement très incomplet. Il faudrait continuer la promenade rue du Commerce et rue de l'Hôtel de Ville.

13 octobre 2008

Nicole DARMET

LES MAGASINS DU CENTRE DE RIOM DANS LES ANNÉES 50

DEUXIÈME PARTIE

Nous reprenons notre promenade où nous l'avions laissée l'année dernière, rue du Commerce. Nous étions entrés dans la petite mercerie de Mme Marcy, où régnait, dans les années cinquante, (et depuis 1920), Mme Gourgouillon qui avait succédé à sa mère Mme Girard. Il y avait eu aussi Mme Herbaud, grand-mère de Mme Bonnac. Je me suis aperçue que le livre récent « Promenades dans Riom » mentionne page 93 la devanture en bois de cette boutique « art déco » réalisée vers 1935 par Charles Servier, menuisier ébéniste, avec de chaque côté motifs de pelotes de laine et d'aiguilles.

Continuons notre descente : la boutique « Art et artisanat » de M. Agier était à l'époque qui nous intéresse le magasin de fourrures de M. Dupuy. À côté, le « Fringale » restauration rapide : souvenez-vous du si bon fromage blanc de la crèmerie Leyrit ! La relève fut assurée de nombreuses années par M. Guignard.

« Accessoires mode », actuellement fermé, était le magasin du photographe M. Chevodonnat. Combien de clichés dans les ouvrages sur Riom signés « Chevodonnat » ! Je prendrai un seul exemple : à la fin de son livre sur Saint-Amable le Père Bonnet écrivait en 1957 « Victor Chevodonnat a assuré avec goût l'illustration photographique ».

À l'angle de la rue Gomot, à la place des « Opticiens Mutualistes », était l'important magasin de meubles, tenu par la famille Chenevière, de 1941 à 1972. Auparavant, il était déjà magasin de meubles, la maison Faure.

À l'autre angle, où sont maintenant les vêtements « Noémie », un Économat du Centre avec M. et Mme Madeuf (précédemment, il y avait eu un bureau de tabac). La bijouterie Piery, longtemps la maison Baster, était déjà une bijouterie-horlogerie, « Au Carillon », entre les mains de M. et Mme André Marceau.

Nous arrivons à ce qui était depuis 1952 « La Maison de la Presse » propriété de la famille Floran. Depuis quelques mois la presse a disparu et a traversé la rue.

La Maison de la Presse avait succédé au « Café du Commerce » de M. Martin. À côté, l'ancienne « Confiserie Kikouli » récemment remplacée par un magasin de petits meubles et décoration abritait le coiffeur M. Brun qui fut ensuite dépositaire des Galeries Lafayette. Dans les années cinquante, « les Chaussures Rousseau » n'étaient pas là, mais au début de la rue Gomot, en remontant juste à gauche, actuellement ADEF, travail temporaire et d'insertion ; ici rue du Commerce étaient déjà des chaussures : les Chaussures Mollet.

Par manque de temps, nous ne pourrons descendre plus loin, mais nous traverserons la rue pour nous retrouver devant les Cariatides, et à partir de là, remonter. Le petit magasin « Jean-Louis David » coiffeur, pendant un certain temps, « Pré-Maman », de Mme Maussang, était la pâtisserie Prolhac. Quant au magasin suivant, actuellement « Couleur Café », chaussures, je l'ai beaucoup fréquenté dans mon enfance : M. Maussang dans « Babysport » faisait régner tout un univers de jouets qui, dans ces années d'après guerre, me paraissait une sorte de paradis ; rien à voir avec les rayons de jouets d'aujourd'hui où l'on commence à préparer Noël avant la Toussaint !

Nous arrivons à la boutique « Tabac Cadeaux » et depuis peu également presse. C'était la librairie Amat, achetée en 1944 par le grand-père de Guy Floran qui y resta jusqu'en 1957. À côté, aujourd'hui « Colchique », autrefois « Au Jasmin », Mme Marty vendit des vêtements pour enfants et de la lingerie de 1948 à 1969. Elle avait repris le magasin de Melle Fourvel. À l'angle de la rue Marivaux, actuellement « Profil Hommes » était le bar de Jean Maillet.

Nous traversons la rue Marivaux et passons près de la fontaine des Lignes.

À l'angle, caché par la fontaine un coiffeur; Mme Mora vendit à cet emplacement des chaussures depuis la fin de la guerre jusqu'en 1952. C'était l'ancienne « maison Mazet » ; ensuite le magasin resta magasin de chaussures puis fut remplacé par la boutique de corsets de Mme Giat. À côté, où sont maintenant des vêtements, était un coiffeur pour hommes, M. Thuel, puis, à la place des « Maisons Cledor », on pouvait acheter les fleurs de la maison Versepuy.

L'épicerie fine « Le Mysore » qui a succédé à « Slipy » était la bijouterie Durif; à côté, la boucherie ex Poulet, (auparavant rue Marivaux) était le magasin de laine des demoiselles Sagnes. À « Phyto-Sens », se trouvaient encore des chaussures: celles que vendait Mme Barthe; je revois, en face de la porte, le grand tableau représentant la scène où Cendrillon essaie la pantoufle de vair; j'étais fascinée par cette peinture aux personnages très colorés !

La Chambre de Commerce, jusqu'en 2007, et ce qui fut le Syndicat d'initiative puis l'Office du Tourisme jusqu'en 2006 sont actuellement en travaux. Au n° 14, se trouvait en 1944 le magasin de meubles et sièges « Pons Vidal ». Or, on sait que des années 50 à 70, différents travaux d'extension ont eu lieu : en 1951, à l'occasion de rénovations, a été placée une enseigne en fer forgé indiquant le Syndicat d'initiative, c'est donc vraisemblablement à cette époque que le magasin de meubles a disparu. Au numéro 12, ce qui actuellement est « Voir autrement » était la « Pâtisserie Daupary qui fut au début du XXe siècle la « Confiserie Dussour » des parents de Louis Dussour peintre-fresquiste riomois. À côté, à la place du bijoutier venu récemment de la rue Gomot, M. Verdier vendait toutes sortes d'appareils électriques et faisait les dépannages. Puis avant Yves Rocher, il y eut la droguerie Desamais mais, dans les années qui nous intéressent, c'était le magasin de vaisselle de Mme Prenat.

Nous arrivons à la « Brasserie du Commerce ». L'« Épicerie Parisienne » de M. et Mme Herbaud y fut installée de 1939 à 1977 ! À cette date, elle fut vendue à M. Gardelle, le marchand de musique qui avait quitté la rue de l'Horloge puis la rue de l'Hôtel

de Ville. Il faut noter que, depuis la construction de l'immeuble en 1848, le magasin était déjà une épicerie dont les propriétaires avaient été de 1920 à 1939 les parents de M. Herbaud. Dans le 2e volume des « Chroniques du Vieux Riom » en 1997 paraissait un article signé Odile Chabrolet, sœur de M. Herbaud, et donc fille des épiciers de l'époque. Elle décrivait le magasin de son père « comme un lieu presque magique, embaumé des parfums de multiples épices ». On y trouvait les produits Félix Potin.

Pour en revenir aux années cinquante, je me souviens de ce grand magasin où l'on achetait bonbons et petits gâteaux au détail. J'ai encore le goût de ceux qui étaient glacés, parfumés au café. D'autres étaient fourrés aux fruits, et il y avait de si bons petits-beurre ! La morue, elle, était vendue à l'extérieur. Plus tard, en 1960, le magasin fut refait et devint libre-service Codec. Bien que cela ne soit pas dans le même lieu, mais à quelques mètres plus bas, la tradition familiale de l'épicerie fine se perpétue, puisque Mme Bonnac, propriétaire du « Mysore » est la fille de M. et Mme Herbaud.

Poursuivons notre montée pour nous arrêter à la Pharmacie Aubignat, aujourd'hui les téléphones SFR. Qui ne se souvient des nombreux pots remplis de plantes et autres « médecines » qui garnissaient les magnifiques boiseries ! Je revois, dans l'officine, M. Marius Aubignat et son préparateur en blouses grises. Derrière le magasin, se trouvait le laboratoire que M. Aubignat avait racheté au pharmacien Dameron, inventeur de la « névralgine Dameron ». M. Georges Aubignat succéda plus tard à son père, puis la pharmacie fut vendue en 1985 à une autre pharmacienne avant de laisser place à SFR.

Ensuite, c'était l'armurier Pironin - aujourd'hui, la maison Thévenoux, Optic 2000. Nous arrivons au « Central Bar », déjà café, tenu par Daniel Dumas, et au magasin de chaussures Scarlett. L'année dernière, nous avions seulement jeté un rapide coup d'œil à ce magasin bien connu des Riomois d'aujourd'hui et d'hier puisqu'il existe depuis 1892, tenu jusqu'en 1944 par Mme Barret, puis de 1944 à 1979 par Mme Martin. Beaucoup ont en mémoire la magnifique voix de M. Martin faisant résonner le « Minuit chrétien » sous les voûtes de la basilique Saint-Amable, lors de la messe de minuit. Aujourd'hui nous avons parmi nous l'actuelle propriétaire du magasin, Melle Lagueyrie.

Tournons à droite, nous sommes dans la rue de l'Hôtel de Ville. L'agence immobilière qui suit la vitrine de « Scarlett » avait été, pendant quelques années, un bouquiniste. À l'époque qui nous intéresse c'était la « Parfumerie Parisienne » Fayard.

Le n° 36 abrite 3 magasins. Le premier, actuellement la pâtisserie Mathieu fut acheté en 1932 par M. et Mme Madeyre à Mme Dérobert, elle-même pâtissière (elle avait été auparavant juste à côté de la Tour de l'Horloge).

Dans cette pâtisserie, confiserie, salon de thé, on trouvait notamment de bons « Paris-Brest » et même des « Vol-au-vent » ! En 1953, la pâtisserie fut vendue à M. et Mme Bomier, puis, plus tard à la famille Gaille qui fit découvrir aux Riomois les « Muscadines de Jean de Berry ». Un poète riomois avait composé pour les accompagner le poème suivant :

« Le duc Jean de Berry, fin gourmet, fort galant,
Aux nobles dames, comme aux simples baladines,
En son fief de Riom, charmeur, ensorcelant,
Offrait de savourer de fines muscadines,
Aujourd'hui, leur prenant la taille,
Il les emmènerait chez Gaille ! »

En 1953, M et Mme Madeyre, se déplaçant de quelques mètres et changeant de négoce, achetèrent le deuxième magasin de la maison : le fonds de commerce de maroquinerie de Mme Einholtz. Quelques années plus tard, trouvant sans doute ce local trop exigu,

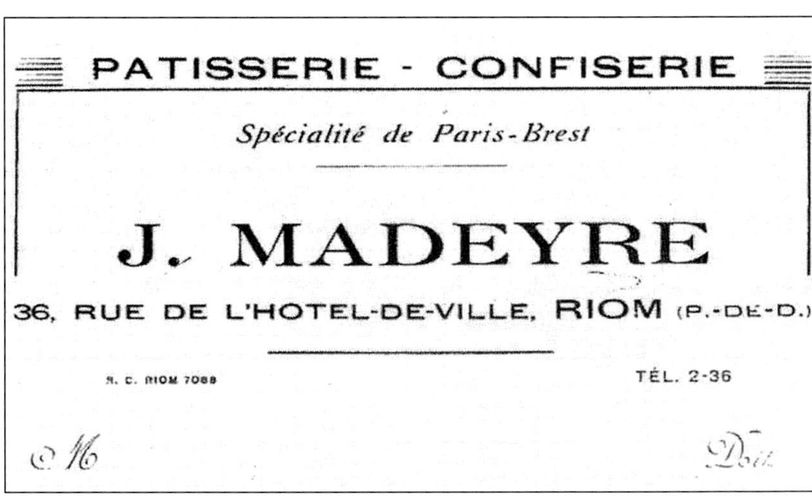
PATISSERIE - CONFISERIE

Spécialité de Paris-Brest

J. MADEYRE

36, RUE DE L'HOTEL-DE-VILLE, RIOM (P.-DE-D.)

R. C. RIOM 7089 — TÉL. 2-36

M — Doit

DEROBERT

ils transportèrent la maroquinerie dans le troisième magasin de la maison où ils remplacèrent la mercière Mme Chabry, et qu'ils tinrent jusqu'en 1982.

Le petit magasin du milieu devint le magasin de vêtement de Mme Pons, à laquelle succéda, par la suite, Mme Hériest qui transporta plus tard la boutique « Élégance » à l'endroit actuel, rue du Commerce.

Plus loin, la boulangerie Belin ; beaucoup se souviennent de la famille Pranal, mais dans les années qui nous intéressent c'était M. et Mme Kaar qui avaient d'ailleurs créé la boulangerie à la place d'une mercerie.

L'actuelle petite bijouterie qui suit était le magasin de laine du « Bon Pasteur » de Melle Gironnet. Le petit café, lui, n'a pas changé : c'était le café Mazuel-Guignard.

Et nous voici à la « Maison des Consuls ». L'optique d'aujourd'hui ne tenait que la moitié gauche de la maison. M. Rapez avait acheté le magasin pendant la guerre. Il fut remplacé par la suite par Messieurs Girod père et fils et maintenant par M. François.

Dans la deuxième partie de la maison, avant le magasin de bijoux, vaisselle et argenterie Stouvenot, il y eut une confiserie « À la Duchesse de Berry » succursale de la Maison Vieillard de Clermont, précédée elle-même de la « Marquise de Sévigné ».

Il est à remarquer que dans les années 50, on ne passait pas sous les arcades qui étaient incluses dans les magasins. Auparavant, si l'on en croit les vieilles cartes postales, on vendait dans ce lieu « des chaussures de luxe et de travail ». Maintenant c'est l'optique qui occupe l'ensemble.

Je vous propose maintenant de traverser la rue et de nous arrêter devant « la Maison de bois » où se trouve l'institut de beauté bio « Nymphéa ». C'était la charcuterie Foulot. Dans la belle maison d'à côté, la confiserie Ebaupin, était très fréquentée par les enfants des années 50 ; on pouvait y acheter toute sorte de délices : je me souviens notamment des biberons de poupée remplis de minuscules bonbons de toutes les couleurs ; à ces biberons, se trouvaient souvent attachés de tout petits baigneurs en caoutchouc.

Le magasin de sports qui suit était la librairie imprimerie Passager puis Vau. On y trouvait aussi des cartables. À la fin des années cinquante, M. Vau s'installa au début de la rue du Commerce et ce fut M. Gardelle, qui abandonnant la rue de l'Horloge, y transporta pianos, partitions, électrophones, disques et télévisions, avant d'émigrer lui aussi rue du Commerce, comme on l'a vu tout à l'heure.

Les opticiens Krys ont remplacé à la fois le casino de M. Belhomme, puis de M. et Mme Legay, et la maison Rubio où l'on put s'approvisionner en fruits, légumes et poissons de 1935 à 1975. Qui pourrait oublier les bons melons que M. Rubio choisissait si bien ! Détail à signaler, il avait racheté le magasin à M. Socias auquel son père l'avait préalablement vendu.

Et nous voici à ce qui fut de 1958 à 2009 - plus de 50 ans - la librairie Robin, devenue aujourd'hui le « Cadran solaire ». La famille Robin avait succédé à celui qu'on appelait « le Père Giordano », toujours une pipe à la bouche et en blouse grise. Les enfants du début des années cinquante appréciaient beaucoup ses découpages.

On peut noter qu'il y avait, dans les années cinquante, 4 librairies dans la rue de l'Hôtel de Ville : la librairie Giordano, la librairie Vau, puis plus loin en face de la mairie où nous n'avons pas eu le temps d'aller ce soir, j'aimerais citer la petite librairie de Mme Cottier (maintenant la bijouterie « Histoire d'Or ») et plus loin encore, après la mairie et du même côté la librairie Andrieux, tenue longtemps par Mme Thomas-Vimal.

En passant maintenant devant la maison Urbaniak (fruits et légumes) et la charcuterie Dauphant, déjà évoqués l'année dernière, c'est donc à nouveau par le Coin des Taules, cœur de notre cité, que nous terminerons cette promenade dans le passé et le présent confondus.

9 novembre 2009

Nicole DARMET

QUE D'EAU ! QUE D'EAU !

« *Malheureusement pour son commerce et son industrie, Riom n'a pas de rivière à proximité. Il semblait donc qu'il dût être à l'abri des dangers de ce genre.*

Assis sur un monticule, comme un éclaireur avancé de la vaste plaine de la Limagne avec les deux très modestes ruisseaux – l'Ambène se divisant en trois bras, dont un traverse la ville, et le ruisseau de Saint Bonnet – qui baignent ses murs et ses jardins, il a été cependant éprouvé au-delà de toute attente dans cette sorte de cataclysme ».

Ainsi s'exprime le Courrier de la Limagne dans son numéro du samedi 29 septembre 1866, relatant l'inondation catastrophique du 23 du même mois.

On n'imagine pas que cette ville, située sur une butte dominant de plus de 20 mètres la plaine environnante, puisse être victime d'inondations. Et en effet, si le sommet du centre-ville n'a pas connu de tels événements, les faubourgs et la partie basse de la ville intra-muros ont plusieurs fois connu des inondations qui ont occasionnellement causé d'importants dégâts.

Pourquoi des inondations sont-elles possibles ?

Il faut faire un peu de géographie.

Il y a tout d'abord les phénomènes climatiques propres à notre région. Elle est à la jonction entre un climat océanique et un climat continental et, pour cette raison, il y a d'abondantes pluies par « convection » (c'est-à-dire des orages) de juin à septembre.

Les masses d'air humide se réchauffent au-dessus de la plaine de la Limagne et vont se bloquer sur les contreforts de la chaîne des Puys : côtes de Clermont, plateau des Dômes et Combrailles.

Quand le déplacement de ces masses d'air est lent, cela donne lieu à des orages dits stationnaires d'une extrême violence, avec chute d'une quantité d'eau considérable sur un temps très court.

Quand ces mêmes masses circulent, cela donne lieu à des précipitations abondantes mais relativement brèves, avec un cumul de pluie plus modeste que dans le premier cas.

Les caractéristiques des cours d'eau qui descendent de la chaîne des Puys sont le deuxième élément. Que ce soit pour la Tiretaine à Clermont-Ferrand ou le Sardon et l'Ambène à Riom, les bassins versants (c'est-à-dire les zones drainées par ces rivières) sont de petite surface, et un orage de 2 heures peut suffire à provoquer une crue torrentielle.

Le temps de « concentration » (qui sépare le début des précipitations et la montée des eaux) peut donc être bref et provoquer un effet de surprise.

Ce sont d'autre part des ruisseaux qui ont tous un segment de forte pente et donc d'écoulement rapide, pour passer du plateau des Dômes à la plaine de la Limagne.

D'où un charriage de beaucoup de débris végétaux, de matériaux et de boue qui peuvent créer des « embâcles » (c'est-à-dire des barrages naturels constitués de ces débris) entraînant une accumulation d'eau en amont et de brusques ruptures avec des vagues subites et dévastatrices.

Arrivées dans la plaine au niveau du Marais de Riom, les eaux s'étalent et leur montée est beaucoup plus lente.

Quelle est la situation à Riom ? (figure 1)

Riom est au débouché de trois bassins versants, donc finalement assez menacé, contrairement aux apparences.

1) Au Nord le bassin du Sardon qui reçoit comme affluents le Ronchalon et le Saint-Don. Le Sardon prend sa source dans la commune de Manzat, à 800 mètres d'altitude, il rejoint Châtel-Guyon qui est à 400 mètres. Sa pente est de 5,5 % (forte), les terrains sont imperméables et recouverts de forêts.

Toutes les conditions sont réunies pour des crues torrentielles. À Châtel-Guyon des montées d'eau de 2 mètres sont possibles, et en 1866 il y eu de gros dégâts. Il passe ensuite au Sud de Saint- Bonnet, reçoit le Ronchalon et le Saint-Don qui naissent à Saint- Hippolyte.

Après leur confluence ces trois ruisseaux traversent une zone de marais où ils ont été drainés dans le Canal de Limagne, puis se jettent dans l'Ambène, à l'Est de Riom.

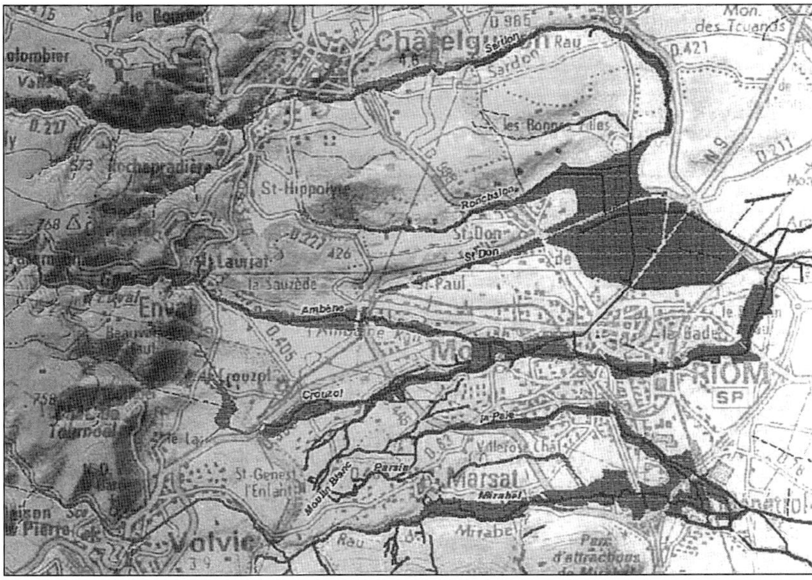

Figure 1 : Les trois bassins versants qui arrosent Riom (Plan de prévention des risques d'inondation de l'agglomération riomoise - Direction départementale de l'équipement)

2) Au centre l'Ambène et le Crouzol. L'Ambène prend sa source à la gare de Manzat à 900 mètres d'altitude, traverse le maar de Beaunit puis descend en pente raide à travers des gorges pour gagner Enval. Il passe de 650 mètres à 400 mètres en 2 kilomètres. Pendant tout ce trajet, il traverse des terrains imperméables et couverts de forêts. Les débordements peuvent donc être brutaux et les montées des eaux s'effectuer en moins d'une heure. Il est rejoint par le Crouzol, juste en aval de l'abbaye de Mozac, puis contourne Riom par le Sud, traverse la plaine des Dagneaux, longe la déchetterie et le golf, reçoit le Sardon sur sa gauche et va vers la Limagne. Les crues ont été très nombreuses : on garde le souvenir de 7 en deux siècles (entre 1768 et 1956)

3) Au Sud le Mirabel et la Pale. Les ruisseaux des Rivaux et de Sigadoux qui naissent à Volvic et Malauzat, forment le Mirabel. Sa pente est faible et la végétation est variée. Les terrains vers le haut sont plus perméables (sources de Volvic), et les crues torrentielles sont plus rares. Mais il passe tout de même de 700 à 350 mètres en 2 kilomètres pour rejoindre Marsat. Ensuite le lit s'élargit dans une plaine limitée au Sud par le plateau de

Châteaugay. La Pale prend sa source à Saint-Genest l'Enfant, traverse Villerose, longe Riom par le sud au-delà de la voie ferrée, où elle prend le nom de ruisseau du Maréchat, et se jette dans le Mirabel à Ménétrol. Dans ce secteur les crues sont moins fréquentes et moins fortes.

Nous retiendrons trois crues sur lesquelles il y a des documents suffisamment précis.

Le 25 juin 1783 une crue de l'Ambène et du Crouzol a occasionné d'importants dégâts à l'Abbaye de Mozac. On le sait grâce à un procès-verbal établi par Jean-Baptiste Chassaing, avocat au parlement et bailli de justice de l'abbaye royale, et retrouvé par Matthieu Pérona dans les Archives départementales du Puy-de- Dôme.

Il décrit un enclos dont la moitié est en potager et verger *« bien planté d'arbres en plein vent en bon état de production » ;* enclos traversé par un ruisseau de midi à bise et clos de murs de 12 pieds. Au sud de l'enclos un moulin farinier à deux tournants avec appartements pour le meunier, grange, écurie, le tout appartenant aux religieux…

« Il est arrivé des montagnes voisines, un torrent si effroyable et si prompt, que dans l'espace de cinq minutes au plus, l'enclos a été inondé des trois quarts au moins de sa contenue, et dans toute la partie du pré verger depuis la hauteur de trois pieds et jusqu'à 10 et 12, l'eau ayant entièrement couvert le mur en plusieurs endroits et la rapidité du torrent pour se frayer un passage a emporté quatre-vingts toises de la hauteur de huit pieds. Le pré verger était sur le point d'être fauché ce qui est absolument impossible aujourd'hui étant entièrement couvert des ruines des murs écroulés et d'une quantité considérable de sable, de gravier et même de rochers roulés par les eaux. Nous avons trouvé dans ledit pré verger des troncs d'arbre très considérables dans les racines desquels étaient entassées de grosses pierres, lesquels troncs lesdits religieux ont déclaré ne point leur appartenir et avoir été amenés par le torrent, et dans ledit ruisseau (avons trouvé) des moutons noyés qui ont été conduits par le torrent… La partie qui est en potager a été entièrement ravagée et on n'y découvre plus aucun indice de jardin, (elle) ne présente qu'une superficie couverte de gravier et de limon ; les arbres du verger ont été quelques-uns déracinés,

presque tous couchés jusqu'à terre, les fruits abattus et les branches chargées de foin qui était coupé dans la plaine supérieure et qui a été enlevé par le torrent…

Avons remarqué que l'écluse du canal qui conduisait l'eau au moulin a été rasée et comblée de ses ruines sur toute sa longueur qui est d'environ quarante toises… que le moulin lui-même a été submergé et que le torrent a été si rapide et si prompt que le meunier pour se sauver, sa femme et sa famille n'a eu d'autre ressource que de faire une ouverture au couvert, lequel nous avons aperçu, et sur lequel ils ont demeurés jusqu'à ce que l'écoulement des eaux leur ait permis d'en descendre sans danger … Toutes les portes et tous les agrès dudit moulin, à l'exception des meules, ont été partiellement emportés, la moyenne partie de la grange et tous les étables poulaillers et loges à cochon ont été détruits.

Dans le territoire appelé le Pailleret, planté de vigne, avons remarqué que l'orage et la grêle, joints au dommage que ledit territoire a souffert de la gelée printanière, ont occasionné une perte d'environ deux tiers de la production … Dans les territoires de Peyrearbre et Lavaye, aussi plantés de vigne avons remarqué que le haut desdits territoires a été dépouillé de son terrain par la chute des eaux (et) tout le bas a été inondé ce qui doit nuire pendant plusieurs années … Dans le territoire appelé des Peyroux, composé de vignes et de terres labourables, et après l'avoir très exactement parcouru, avons remarqué que par l'effet de l'orage et de la grêle, ou le torrent des eaux du même ruisseau dont nous avons déjà parlé, la récolte des vignes est entièrement perdue sans ressource, tous les raisins et toutes les feuilles étant à terre, exactement hachés, et qu'il parait s'être conservé un tiers de la récolte de grains, …les bois de la vigne encore tendre ont été tellement criblés et meurtris par la grêle qu'il nous a paru impossible qu'ils puissent rendre de la nourriture, ce qui nuira plusieurs années aux récoltes à venir … Dans le Pré de l'Aumônier, confiné à l'aspect de bise par le ruisseau dont il est question, avons remarqué que la majeure partie des arbres saules qui bordent ledit ruisseau, ont été déracinés, plusieurs entraînés et que le pré a été presque entièrement inondé, en sorte que le foin que l'on coupe au moment actuel ne peut être d'aucune utilité étant entièrement couvert de vase et de limon…

De tout quoi nous avons dressé notre procès verbal, pour valoir auxdits religieux ce que de raison »

Les religieux ont-ils fait établir ce procès-verbal pour demander quelques dommages ou quelques subsides pour effectuer des réparations ?

On peut conclure qu'il y a eu ce 25 juin un très violent orage avec quantité de grêle et que le Crouzol et l'Ambène, dont le confluent est proche de l'abbaye, ont été transformés en torrent et ont débordé de façon très brutale. Il y a de très gros dégâts dans l'abbaye, mais aussi dans les terres avoisinantes et même un peu plus lointaines appartenant aux religieux. On ne sait rien sur les dégâts occasionnés à la ville de Mozac elle-même, ni sur la possibilité de crues des autres bassins versants de la ville de Riom. On peut penser que les dommages ont été importants si on extrapole ceux subis par l'abbaye.

Quarante ans plus tard environ, nous sommes le mercredi 30 août 1826. C'est une chaude journée d'été, les nuages s'accumulent tout au long du jour et se concentrent sur le plateau des Dômes et les Combrailles. C'est jour de foire à Combronde et il y a grande affluence. Vers quatre heures de l'après-midi, l'orage éclate : la pluie et la grêle s'abattent avec une grande violence. Les termes employés par les témoins sont : « orage désastreux », « ouragan des plus affreux ». En moins d'une heure (entre quatre et cinq heures) tous les ruisseaux débordent.

Les principaux documents relatant ces événements sont le « Journal du Puy-de-Dôme » et le rapport de l'ingénieur en chef du département.

À Combronde, arrosé par les ruisseaux des Buchailles et des Dinchères, vingt bâtiments (granges et écuries) cèdent au torrent ; les chevaux, les voitures et les marchandises de la foire, de même que les bestiaux et les grains qui étaient sous la halle sont entraînés.

Il y a trois morts et probablement davantage de noyés parmi les chalands de la foire. L'évêque de Clermont écrit : « *le fléau qui vient de répandre la consternation a englouti un grand nombre de victimes. Combien ont péri ! Que de maisons renversées à Riom et à Combronde ! Combien dans cette dernière ville qui, par la rencontre de la foire en cette fatale journée, ont fait des pertes considérables !* » ... Dans le même bassin versant, qui est celui de la Morge, à Davayat il y a 5 pieds d'eau pendant plusieurs heures et à Saint-Myon la Morge présente l'image d'une mer... et a entraîné le pont.

Riom est inondé à la fois par le Nord (Sardon) et par le Sud (Ambène). Les habitants du faubourg de Layat et du faubourg de Clermont ne peuvent plus sortir de leurs maisons. Au Moulin d'Eau les dégâts en mobilier, maisons, murs, usines et récoltes s'élèvent à 60 000 francs.

Dans le faubourg de Clermont les dégâts sont encore plus importants, l'eau s'élève à une hauteur prodigieuse au-dessus du pont de l'hôpital et vient, comme un torrent, emporter tout sur son passage : maisons détruites, meubles enlevés, arbres déracinés, hommes, femmes et enfants noyés...

On a retiré de l'eau 6 ou 7 personnes mortes, d'autres disent 8 et probablement plus. Un mur fort considérable de l'hôpital s'éboule... Le pont de la Prade semble se situer au sud de Riom sur la route royale n° 9, qui va de Paris en Espagne par Perpignan... Il a 11 mètres 72 de long et trois arches, et « *il s'écroule en aval et conserve la moitié de sa chaussée en amont...* » Les voitures doivent traverser le ruisseau à gué en amont du pont, quand les eaux se sont retirées. Rien n'est plus pressant que de rétablir le passage par un pont provisoire en charpente...

En amont, l'Ambène a inondé Mozac et provoqué des désastres immenses... Un torrent s'est précipité des montagnes voisines, et après lui, la dévastation des propriétés, des enclos, des jardins, des habitations et des récoltes : aucune clôture, aucune digue n'a pu lui résister... Un curé note dans son registre des naissances que « *le 30 août 1826, une inondation considérable est arrivée dans cette ville, elle a causé plus de dommages que celle arrivée le 30 juin 1783* »... Sa mémoire s'est trompée de cinq jours. À Enval le pont est emporté et 4 personnes sont noyées ; à Crouzol un homme est noyé.

Le troisième bassin, Mirabel et Pale, a été aussi atteint. En effet à Volvic où passe le Mirabel, il n'y a qu'« *arbres arrachés, murs abattus, chemins détruits, coteaux ravinés, plaines recouvertes de sable et de pierres... au point de ne plus reconnaître le territoire dans plusieurs localités... Nous avons craint pour le bourg de*

Volvic ; toutes ses maisons ont été ébranlées, la masse qui l'inondait, arrivait des montagnes qui le commandaient, avec tant d'impétuosité que tout paraissait devoir lui céder : c'était un fracas horrible de rochers énormes et un déluge de sable semblant devoir tout ensevelir…

Toutes les rues et toutes les maisons ont été remplies… Notre vignoble est presque détruit, on ne voit que ceps arrachés ou tenant à peine au rocher dépouillé de terre végétale. Les terres labourables sont recouvertes de débris de nos montagnes et paraissent perdues pour la culture du blé.

La plus grande partie des blés qui n'étaient point engrangés a été entraînée par les eaux et celle qui l'était a été submergée et pourrit dans les granges. Ajoutez à cela les ravages de la grêle sur ce qui a échappé à la fureur de l'eau, et vous aurez une idée de notre position… Plus en aval à Marsat, au milieu des débris, on relève un mort. »

Si on veut faire un bilan global : les dommages dans l'arrondissement de Riom ont été estimés à 160 000 francs environ ; mais un autre document dit que *« les dégâts sont incalculables et que plusieurs milliers ne couvriraient pas la perte »*… Si on additionne les morts rencontrés au hasard des chroniques, on en dénombre 17, mais ce n'était sûrement qu'un bilan provisoire car un autre document parle de plus de 20 morts. Les ravages ont été si considérables et le nombre de victimes dépouillées de tous leurs biens et ressources si élevé, que deux souscriptions au moins sont ouvertes : une en l'étude de maître Marte à Riom et l'autre à l'évêché de Clermont.

À nouveau quarante ans plus tard, nous sommes le dimanche 23 septembre 1866. L'orage menaçait dès 10 heures du matin, et, tout à coup, en fin de matinée *« les cataractes célestes s'entrouvrant se sont mises à verser, non seulement sur nous, mais sur une région fort étendue, des torrents de pluie diluvienne »*… Ainsi s'exprime le « Courrier de la Limagne » du 23 septembre 1866. Cela a duré, presque sans discontinuer, deux jours et deux nuits. Les ruisseaux débordent et inondent les champs, mais les grands cours d'eau comme l'Ambène, ne débordent que le lendemain lundi 24 septembre, ce qui fait penser que la pluie a dû être abondante mais s'est plus étalée dans le temps que lors de l'orage du 30 août 1826.

Dans le bassin du Sardon, Châtel-Guyon a beaucoup souffert : les dépendances de l'établissement thermal ont eu de gros dégâts La terrasse a été détruite sur une assez grande largeur et le mur qui confine la terrasse du côté du ruisseau a été complètement détruit. Plusieurs tilleuls de la promenade ont été arrachés et entraînés par le courant.

Deux passerelles qui communiquaient avec les hôtels ont été enlevées et se sont perdues dans le courant… Plus en aval, au Moulin d'Eau, le ruisseau de Pont Turin (le Sardon) bute sur le remblai constitué par la ligne de chemin de fer du PLM, qui empêche l'écoulement des eaux vers la Limagne.

La seule ouverture est à Planchepaleuil et elle est insuffisante pour le débit, si bien que « *de ce point et du faubourg Layat jusqu'au-dessous de Villeneuve, ce n'était qu'un vaste lac mesurant une lieue de côté, où les eaux rougeâtres confondaient dans leurs remous récoltes sur pieds et pignons, jardins et terres et offraient à l'œil le plus désolant spectacle* ». Une large nappe d'eau s'étend de Saint-Bonnet à ce remblai et inonde la route de Paris.

« *Les jardins dans le voisinage de la gare ont été entièrement bouleversés et plusieurs moulins ont été remplis par les eaux. Les récoltes sont détruites et plusieurs habitants sont cernés dans leurs habitations baignées de toutes parts. On mesurait jusqu'à un mètre d'eau dans les rez-de-chaussée* ».

À ce propos, un incident montre que les conduites humaines ne sont pas toujours logiques en de telles circonstances, et que les plans d'évacuation préventifs se heurtent à quelques résistances. « *Le bruit s'était répandu qu'à Maupertuis, au domaine de Madame veuve Peyronnet, les fermiers étaient en péril. Effectivement les bâtiments étaient envahis (par les eaux).*

On accourt, comme sur une grande route, par la voie ferrée qui surgissait au milieu des eaux et monsieur le Sous-préfet s'empressait déjà d'organiser le sauvetage, lorsque ces gens, hélés à distance, déclarèrent tranquillement du haut de leur fenêtre, qu'ils avaient bien pu se sauver avec leurs bêtes s'ils le voulaient, mais qu'ils préféraient rester dans leur ferme ».

Le maximum de la crue est atteint le mardi 25 septembre, et lors de la décrue, on se rend compte que les dégâts des récoltes et les détériorations sont « incalculables ».

Le bassin de l'Ambène et du Crouzol participe à cette inondation. À Enval *« l'eau montait jusqu'au premier étage des maisons et des moulins ont été emportés,...un pont est coupé par le milieu »*. En arrivant à Riom, l'Ambène envahit le faubourg de Clermont et le quartier de l'hôpital dont *« un mur s'écroule sur plusieurs mètres de longueur... Toutes les caves et rez-de-chaussée des Tanneries et des parties basses de la ville sont inondés...*
Les blanchisseuses du quartier de la Prade déménageaient; l'eau coulait à pleine arche sous le pont de la route de Clermont (lequel avait été détruit en 1826) entraînant toutes sortes d'objets et même des arbres entiers. L'Ambène ruine les jardins et vergers qu'il fertilisait hier et va obstruer la route de Maringues ». Plus loin encore dans la plaine, l'Ambène et la Morge « ont emporté une maison et deux granges à Entraigues et Ennezat a eu fort à souffrir ».

Il semble que dans le bassin du Mirabel il n'y ait pas de dégâts importants.

Cette inondation de 1866 a probablement été moins violente et soudaine que celle de 1826, car on ne déplore pas de victimes, et les ruisseaux importants ont mis plus de 24 heures à déborder. Il semble que ce soit des pluies abondantes et continuelles sur 2 jours qui ont amené des crues et des inondations relativement lentes de vastes surfaces. Alors qu'en 1826 la violence de l'orage avait été telle que les ruisseaux avaient débordé en moins d'une heure, et la violence des courants avait occasionné plus de dégâts matériels et des victimes humaines.

Que nous réserve l'avenir ? Un plan de prévention des risques d'inondation existe : il est consultable à la Direction départementale de l'Équipement et en mairie de Riom. Ce plan définit les zones inondables et vous pouvez voir si votre maison se trouve dans une telle zone et il donne aussi les précautions à prendre, en ce cas, pour les nouvelles constructions. Ceci met peut-être à l'abri de gros dégâts provoqués par les crues centennales (qui se répètent une fois par siècle), mais pas à l'abri des crues exceptionnelles liées à un événement climatique imprévisible...

Pour terminer sur une note plus gaie, une photo du début du siècle dernier nous montre que Riom est bien sûr une butte, mais au milieu d'une zone humide et marécageuse : il s'agit de patineuses qui évoluent gracieusement sur un étang gelé au Cerey.

Jean-Bernard PALCOUX

<u>Source</u> : archives de la Direction départementale de l'Équipement.

VINCENT GAGELIN À RIOM EN 1783

Missa
À piova intonatione
Col piu instrumenti
Flauto, violino è violoncello
Del Signor Gagelin
Composta
À Riom 1783

Voici l'intitulé de la partition musicale d'une messe écrite par Gagelin à Riom en 1783.

Ce manuscrit a été porté à notre connaissance par Jean Duron, directeur musical du Centre de Musique Baroque de Versailles. Qu'il soit ici remercié d'avoir attiré notre attention sur cette œuvre. Une copie de cette partition malheureusement incomplète, avait été envoyée à Versailles par la bibliothèque de Tournus[1]. Elle se compose d'un jeu de cinq parties séparées[2], rassemblées dans une chemise portant l'intitulé ci-dessus. Une récente visite à la bibliothèque de Tournus a permis de voir l'original : deux parties écrites pour les voix de soprano et ténor (il manque les parties pour alto et basse) et trois parties instrumentales pour flûte/violon, violon et violoncelle. L'écriture de la musique est soignée : peut-être est-ce là un autographe du compositeur ? Le papier porte en filigrane l'indication de sa provenance « AUVERGNE ».

Son thème principal est tiré d'une composition de Pietro Paolo Bencini (actif en 1703-1743), maître de musique de la Capella Giulia de Saint-Pierre de Rome. Gagelin utilise ici une écriture musicale de style italien.

La surprise de l'existence de cette partition nous a conduit à entreprendre des recherches, afin de répondre si possible aux questions suivantes :

- Qui était Gagelin ? Le patronyme n'est pas d'origine auvergnate...

---

1) Tournus, bibliothèque municipale, M. 209.

2) Ce sont les partitions que les musiciens ont sur leur pupitre au moment de l'exécution.

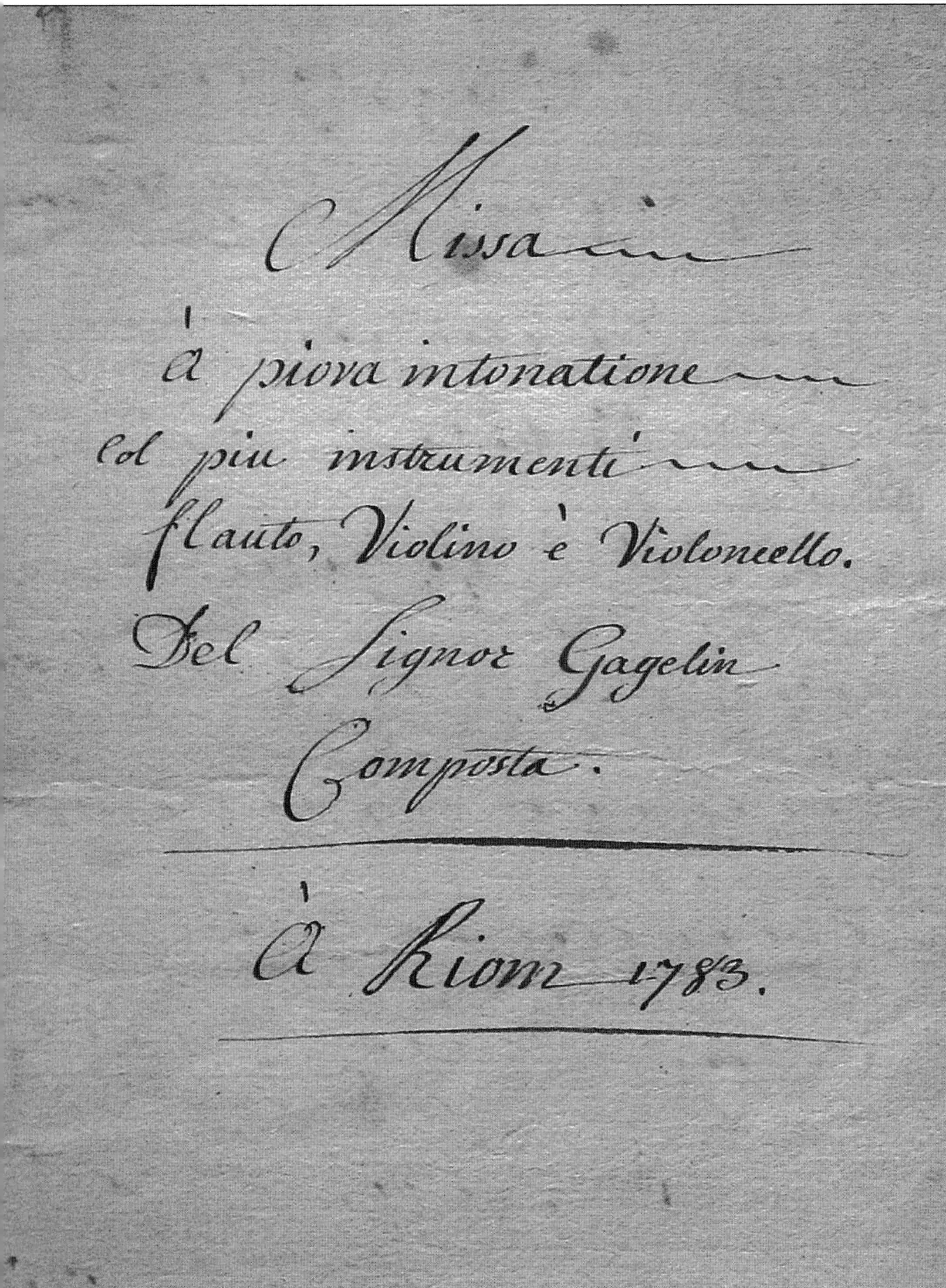
Missa
à piova intonatione
col piu instrumenti
flauto, Violino è Violoncello.
Del Signor Gagelin
Composta.
à Riom 1783.

Solo Andantino
10.
Choro
Majore
presto
14.
Choro

- Un événement important survenu à Riom en 1783 était-il à l'origine de cette composition ?

Les premières investigations aux archives départementales du Puy-de-Dôme permirent de trouver François Isidore Gagelin, né le 10 mai 1799 à Montperreux, département du Doubs, diocèse de Besançon. Missionnaire, il partit en Chine et en Cochinchine où il fut décapité le 17 octobre 1833, à Hué. Il fut béatifié par le pape Léon XIII le 27 mai 1900, puis canonisé le 19 juin 1988, par le pape Jean-Paul II[3].

Ce n'était donc pas la génération de notre Riomois. Néanmoins, étant donné la notoriété du personnage, signalons que dans l'église Sainte-Madeleine de Montperreux des vitraux du maître verrier André Seurre (1947) retracent la vie de ce saint[4].

Il fallait plutôt tenter de trouver à Riom une manifestation d'importance en 1783 qui pût susciter la composition de cette messe nécessitant un effectif de musiciens considérable en regard des possibilités locales (elle n'a pu être interprétée sans renforts extérieurs) et partant de là remonter à son auteur.

Parmi les événements relatés par Antoine Messeix[5] dans son journal au cours de l'année 1783 – inhumations, baptêmes de cloches, etc. – seule l'installation d'une relique de la vraie Croix à la basilique Saint-Amable a retenu notre attention. Le lundi 8 décembre 1783, fête de l'Immaculée Conception, le reliquaire contenant la relique de la vraie Croix est transféré de la chapelle de la Visitation (aujourd'hui institution Sainte-Marie) à la basilique Saint-Amable. Cet événement a déjà été évoqué dans nos chroniques publiées en 2003[6] ; néanmoins nous le rappelons en nous référant à la publication d'Edmond Morand[7].

Le pape Benoît XIV avait fait don d'une relique de la vraie Croix à la fille aînée de Louis XV, Louise-Elisabeth (1727-1759), la Dauphine devenue Madame Infante par son mariage en 1739,

---

3) AUBERT, Roger, (dir.), Dictionnaire d'histoire et de géographie ecclésiastiques, tome dix-neuvième, Letouzy et Ané, Paris VI, 1981.

4) http/oddiblog.com.

5) MESSEIX, Antoine, Journal (1743-1783), p. 228-229.

6) Une ville se souvient. Chroniques du Vieux Riom, Éditions le Moulin du Gué-Chaumeix, octobre 2003, p. 31.

7) MORAND, Edmond, La relique de la vraie croix, Belley, imp. A. Chaduc, 1933.

avec Philippe de Bourbon, infant d'Espagne, fils cadet du roi Philippe V. Revenue à Versailles en 1755, elle y mourut de la variole le 6 décembre 1759, en léguant la relique à sa sœur Madame Adélaïde qui la garda jusqu'en 1780. Celle-ci fit exécuter un reliquaire par un orfèvre parisien de talent : le socle en marbre vert antique portait une croix en bronze doré. La relique, deux parcelles de la vraie Croix de vingt millimètres de longueur, apparaissait dans une croix de cristal qui s'adaptait exactement à la croix en bronze doré ; elle était accompagnée de documents officiels attestant son authenticité. Madame Adélaïde donna ce reliquaire à sa dame d'honneur, Madame la duchesse de Narbonne, avec l'autorisation d'en disposer à son gré. Celle-ci née Françoise de Chalus de Sanssat avait pour grand-mère maternelle Marie de la Rochebriant ; de ce fait elle se disait de la maison de Saint-Amable. En effet Saint-Amable était de la famille de Chauvance apparentée aux Rochebriant, et le chapitre de Saint-Amable portait pour armoiries le blason de cette famille.

Le transfert du reliquaire à la basilique Saint-Amable se fit certainement avec faste : Antoine Messeix précise qu'« *y assistèrent les marguilliers, le présidial, les officiers municipaux, les juridictions, etc. etc. ainsi que le Marthuret et les Cordeliers en chapes ; il y avait trois reposoirs : un devant chez Mme de Narbonne et un au coin de Taules, l'autre devant chez Mme Ferra* ». Nous ignorons tout du programme de la cérémonie ; il nous plairait assez que Gagelin ait composé la partition de la messe qui nous intéresse pour cette occasion.

Récemment, une information concernant le décès d'un Gagelin à Riom nous incita à reprendre l'exploration aux archives municipales. Elle concernait le décès de Pierre Gagelin le 16 mars 791[8], mais c'était un enfant de dix-sept mois ! La suite des recherches dans le registre d'état civil relatif aux décès fit apparaître le 5 avril 1783 celui d'Antoine Gagelin[9], natif de la Comté, mais… mort en prison !

---

8) Archives municipales de Riom, 3W 92.

9) Archives municipales de Riom, GG 82.

Décemment, ce ne pouvait pas être l'homme que nous recherchions !

Enfin, la suite de la lecture de ce registre permit de trouver un acte concernant Vincent Gagelin, musicien basson du chapitre de Saint-Amable décédé le 27 août 1783 à l'âge de cinquante-trois ans, inhumé le lendemain « *à la troisième règle du chapitre* »[10]. Au sujet de cette mention particulière rappelons la précision donnée par Clouard : dans le règlement relatif au cimetière, arrêté du 21 octobre 1576, parmi les mesures pour faire les fosses des trépassés inhumés dans l'église « *pour chascune sépulture de la grande règle XV sols ; pour celles de seconde règle X sols, et pour chacune des autres, V sols ; les inhumations dans le grand cimetière n'en prendront aucun salaire.* »[11]

Gagelin était-il né à Riom ? Le dépouillement des actes de naissance et de mariage relatifs à la période 1730-1783 révéla son acte de mariage[12]. Ce document en date du 22 février 1762, nous apprend que Vincent Gagelin est né à Orléans vers 1730, fils de Claude et de Catherine Dupron. Son arrivée à Riom est donc antérieure à 1762. Cet acte précise que Gagelin est bassoniste. À cette date, le maître de musique en activité à Saint-Amable est Pierre Parrat lequel décède le 7 avril 1782[13]. Par ailleurs Pierre Malidor[14], le maître de musique suivant, n'arrive à Saint-Amable qu'en 1784 seulement : Gagelin aurait-il assuré l'intérim de 1782 à 1784 ? Aucun document ne le précise.

Vincent Gagelin eut au moins deux enfants :

- une fille, Anne, née le 2 décembre 1762[15] ; elle se maria le 25 juin 1796[16] avec Jean Zaxar, soldat originaire de Bohême. Ce dernier avait été fait prisonnier et était retenu à la prison-caserne de Riom (installée dans l'ancien couvent de la Visitation) dont

---

10) Idem.

11) CLOUARD, Emile, Les gens d'autrefois, Riom aux XVe et XVIe siècles, Champion, Paris, 1910, p. 755.

12) Archives municipales de Riom, GG101.

13) Cf. note 9.

14) Cf. Talvard, Andrée, « Pierre Malidor, un maître de musique de la collégiale Saint-Amable de Riom à la fin du XVIIIe siècle », in les chroniques du Vieux Riom –Vol. 6- 2009

15) Cf. note 12.

16) Archives municipales de Riom, 3 W 53 ;

l'un des gardiens n'était autre que Jean-François Brasseux, ex-maître de musique de Saint-Amable.

Zaxar se fit naturaliser et exerça le métier de cordonnier[17] ;

- un fils Pierre né le 9 avril 1764[18] ; il épousa Marie Massis (fille de Denis Gilbert Massis huissier à Riom et de Marguerite Massin) le 18 octobre 1788 à l'église Saint-Jean[19]. Pendant la Révolution, Pierre fut commis au district et membre de la Société Populaire de Riom avec Jean-François Brasseux. Ce dernier avait succédé à Malidor en tant que maître de musique jusqu'à la suppression du chapitre.

Pierre eut un fils également prénommé Pierre ; ce dernier était donc le petit-fils de Vincent Gagelin qui décéda à dix-sept mois ; l'acte de son décès, le premier évoqué, étant à l'origine de l'avancée de nos recherches.

Malgré la différence de dates entre le décès de Vincent Gagelin (août) et le transfert de la relique (décembre) les deux événements sont peut-être liés. Mais pour quelle raison ce manuscrit pour Riom s'est-il trouvé à la bibliothèque de Tournus ? La généalogie de la famille Gagelin montre que Vincent est le beau-frère d'Amable Bas, chanteur basse-contre de la chapelle de musique de Saint-Amable (Amable Bas a épousé Marguerite Morand[20], sœur de Jeanne, épouse de Vincent Gagelin). Amable Bas après ses études comme enfant de chœur et ses débuts de chanteur à Riom, poursuivit sa carrière en Bourgogne. Il semble probable qu'il partit de Riom avec la messe de son parent dans ses bagages, et qu'au hasard de ses pérégrinations, il laissa la partition à Tournus.

Nous souhaiterions pouvoir un jour faire retentir cette messe sous les voûtes de l'église Saint-Amable, vœu à ce jour difficilement réalisable en raison des lacunes de la source.

Andrée TALVARD

---

17) JARROUSSE ? Frédéric, Auvergnats malgré eux, Publications de l'institut d'Études du Macif Central, fascicule XIII, 1998, p. 224.

18) Cf. note 12.

19) Archives municipales de Riom, GG 86.

20) Archives Municipales de Riom, GG 84.

GEORGES SALVY ET VILLEROSE

VILLEROSE ! Quel nom magnifique ! Nul doute qu'en 188O, Georges Salvy y fut sensible lorsqu'il souscrivit à l'adjudication qui le porta acquéreur de cet élégant manoir sur 12 ha de terrain, en bordure des communes de Marsat et Mozac.

Il n'est que de voir l'étincelle qui brille dans les yeux de ses descendants, pour voir l'intérêt qu'ils portent à ces lieux et la passion qu'ils ont dans la voix, lorsqu'ils parlent de ce grand-père dont ils sont très fiers.

Le lieu est tranquille. Lorsque l'on passe la grille, c'est un peu dans le monde du grand Meaulnes que l'on pénètre ; et si ce n'était le bruit des voitures sur la rocade, on pourrait se croire revenu au temps où Georges Salvy réunissait sa nombreuse famille, loin de son cabinet, des affaires compliquées et des plaidoiries ardues.

Entre les communs et la maison, le parc est ombragé. De surface assez réduite, il est typiquement marsadaire : entouré de murs laissant dépasser les éléments les plus hauts d'une végétation assez dense ; parcouru par des allées entourant des massifs ; des rigoles d'arrosage, une pièce d'eau bordée d'une balustrade portant symétriquement deux dauphins sculptés dans la pierre. Le tout dominé par plusieurs immenses résineux, cèdres ou séquoias, plus que centenaires, qui ont bien mieux résisté au grand vent que leurs congénères beaucoup plus jeunes.

Georges SALVY

Un grand espace de pelouse autour d'une pièce d'eau circulaire et deux grands cèdres constituent, en opposition, l'autre partie du parc.

Entre les deux, la maison avec ses toits pointus, de l'élégance dans la hauteur et de la contradiction dans sa symétrie : une tour ronde à droite, une tour carrée à gauche, de chaque côté de la terrasse, selon la volonté de feu le maître des lieux qui l'avait conçue ainsi.

Georges Salvy naquit à Riom le 18 août 1851. Son père Firmin Salvy, dernier d'une lignée d'avocats mauriacois, avait choisi le barreau riomois pour exercer son art. Sa mère était la fille du conseiller Bujon, lui-même issu d'une famille de magistrats. Toute son enfance fut imprégnée de cette ambiance qui fit naître sa vocation. Il fit de brillantes études à l'institution Sainte-Marie, puis son droit à Clermont. Il sera avocat plus tôt qu'il ne l'avait prévu, car son père, appelé à la députation par les voix de son Cantal natal aux élections de 1871, lui laissa sa clientèle en charge.

Il s'inscrivit au barreau le 4 décembre 1871, et acquit au contact de ses aînés une solide expérience. Il ferrailla avec les meilleurs de son temps dans de nombreuses cours et tribunaux français. Rapidement sa réputation ne fut plus à faire et on lui confia les causes les plus difficiles. Il fut également apprécié de ses collègues qui le portèrent au conseil de l'ordre pendant la presque totalité de sa carrière, et firent de lui leur bâtonnier pour les années 1887, 1888, 1905 et 1906.

Il participa, en tant qu'avocat et en tant qu'homme, à tous les événements de cette époque. Les lois anticléricales des années 1880 à 1905 lui fournirent beaucoup d'occasions d'exercer ses talents au service des congrégations, non seulement parce que c'était son métier, mais aussi par conviction personnelle.

Madame Georges SALVY

Son action la plus marquante, parmi beaucoup d'autres, permit à la ville de Riom de conserver ce qui est encore aujourd'hui un de ses plus beaux fleurons : l'institution Sainte-Marie. Sa science des procédures amena nombre de ses collègues à le consulter pour contrer efficacement le fisc, instrument de l'Etat à l'encontre des religieux. Outré des moyens employés par celui-ci pour parvenir à ses fins, il décida de ne plus payer ses impôts. Il tint parole au point de voir ses meubles vendus aux enchères publiques… dont il semble bien que les enchérisseurs furent quelques amis dévoués. Une de ses dernières plaidoiries rendit l'honneur à l'évêque de Limoges bassement attaqué par la presse locale.

En ces temps, comme peut-être encore aujourd'hui, un bon avocat, rompu aux codes et lois de la république, se devait de s'intéresser aux belles lettres.

Georges Salvy fit honneur à cette règle. Il fut un érudit curieux de tout. Il parlait couramment plusieurs langues et voyagea dans toute l'Europe. Il fut nommé en 1905 membre titulaire de l'Académie des Sciences et Belles Lettres de Clermont-Ferrand dont il fut le président pour les années 1912 et 1913.

Par-delà les textes juridiques justifiant en soi sa présence dans cette noble assemblée, son œuvre majeure, témoin de son érudition, fut de sortir de l'oubli, l'histoire de Marsat et de sa Vierge. Et nous, Marsadaires, à ce titre lui devons beaucoup. Car si beaucoup de communes ont une histoire, peu ont trouvé une plume aussi agile pour la rassembler et l'écrire. Il fut un grand ami de Pierre de Nolhac de l'Académie française, et plus encore quand son fils, Georges-Henri Salvy épousa, en 1910, Marie Louise de Nolhac.

Georges Salvy, connu et reconnu pour ses compétences, ne pouvait qu'être tenté par la vie publique Il fut élu au conseil municipal de Riom en 1886, d'abord dans l'opposition, puis invalidé. Il y revint deux ans plus tard comme premier adjoint. À ce titre, on lui doit la présence à Riom, pour quelques dizaines d'années, d'un régiment d'infanterie.

Il brigua un mandat de député en 1885. Mais, n'ayant pu se consacrer à sa campagne, il fut battu, avec les honneurs cependant. Sollicité à nouveau en 1889, il s'effaça finalement devant son colistier, M. Raymond Le Bar, qui fut élu.

Heureux en affaires, il le fut également en famille. Son épouse, pour discrète qu'elle fût, sut le soutenir et l'entourer dans toutes ses actions. De leur union naquirent huit enfants, six fils et deux filles. Tous fréquentèrent l'institution Sainte-Marie. Tous firent de brillantes carrières de juristes, militaires ou autres. Edmond, Daniel et Georges-Henri Salvy, ainsi que Raymond Tabournel, époux de sa fille Élisabeth, laissèrent pour longtemps un grand souvenir dans l'esprit des Riomois. Leurs qualités et leur destin tragique y furent sans doute pour beaucoup

Comme beaucoup d'autres, la famille Salvy paya un lourd tribut à la Grande Guerre. Ce fut d'abord Daniel qu'une longue maladie emporta le 5 août 1914. Puis Edmond qui fut tué à Sténay le 27 août 1914, et Georges-Henri, au front, le 16 mai 1916. Puis vint le tour de Raymond Tabournel, qui, blessé, décéda le 30 janvier 1918.

Ces coups répétés eurent raison de la santé de Georges Salvy. Malgré sa volonté et le soutien de sa famille, il ne survivra pas longtemps à ses fils. Pourtant il avait eu suffisamment de courage et d'énergie pour mener à bien une tâche importante : la délégation, pour la 13° région, pour l'assistance aux convalescents militaires. Il créa à lui seul 46 maisons destinées à recevoir des blessés et en assura la gestion. C'est à cette tâche que le surprit la maladie qui l'emporta le 18 septembre 1918.

L'action menée pour diverses causes, son dévouement et son civisme, en des temps moins passionnés, auraient dû lui valoir quelques distinctions. Ce qu'il aurait pu prétendre des pouvoirs publics, il le reçut de l'Église, en la personne du pape Pie X lui-même, qui le nomma en date du 13 janvier 1905, commandeur de l'ordre de Grégoire Le Grand.

Vingt ans après sa mort, il reçut un autre hommage, moins solennel mais plus populaire. En mai 1939, l'essentiel des manifestations organisées pour le couronnement de N D de Marsat eurent lieu dans le parc de Villerose. Il devait être ce jour dans les pensées de tous ceux qui l'avaient connu parmi les cinq mille pèlerins présents. La municipalité de Marsat, les travaux du cloître terminés, donna en 2004 son nom à l'espace central du couvent, qui devint ainsi « la place Georges Salvy », ce qui le préservera de l'oubli pour, nous l'espérons, de nombreuses années. Car il était dommage qu'un personnage aussi attachant ne disparaisse des mémoires sans qu'au moins un endroit ne rappelle son nom. Et en 2007, nous avons eu la possibilité de rééditer son livre *Notre-Dame de Marsat* qui était devenu très rare.

Michel PIGENET

UNE VILLE DANS LES MURS

Une ville dans les murs, plutôt qu'un château fortifié, ou une abbaye... cet « exposé » ne prétend donc pas faire un inventaire technique exhaustif des éléments de fortifications ; mais proposer de voir pourquoi, quand, ou comment, les riomois se sont organisés durant des siècles à l'intérieur d'une enceinte, et à travers des exemples significatifs, tenter de donner un aspect chronologique.

Un retour général dans le passé s'impose auparavant.

Dans toute l'Histoire, villes et civilisations ont été des notions synonymes, à tel point que, détruire une ville a toujours paru le meilleur moyen de détruire la civilisation dont elle constituait en quelque sorte l'archétype, le modèle ; et la fureur des conquérants qui veulent effacer toute trace des villes conquises frappe toutes les civilisations.

Les villes devront résister aux perpétuels assauts des nomades. Que représente cette notion de ville ? L'agriculture, qui produit de la sédentarisation, est une ennemie du nomadisme qui, lui, ignore la propriété et saccage les récoltes. Mais le citadin est l'inverse du nomade.

La ville se distingue d'un village par sa dimension, la densité de sa population, mais aussi par le fait qu'elle ne dispose d'aucune ressource naturelle, qu'elle vit en quelque sorte en parasite sur le monde rural. Ses industries sont des industries de transformation. La ville c'est le lieu de l'administration, des commerces et des manufactures, enfin c'est le siège du pouvoir.

Au cours des temps, les trois grands ennemis des citadins ont toujours été la guerre, la famine et la peste. Pendant longtemps, les mesures indispensables à la ville pour une défense efficace sont restées : l'eau avec des puits, source ou réserve d'eau potable et des vivres en réserve contre la famine (le grenier à blé) ; contre la guerre, les remparts ; contre la peste on était démuni, (l'isolement, les prières)....

Ces murailles que l'on édifiera le plus haut possible, le plus large possible, resteront indissociables de la notion de ville. Toutes les villes antiques sont des villes fortifiées...

Et Riom ?

Les premiers habitants occupaient la plaine. Les peuplades agricoles de tribus germaines trouvant d'excellents terrains à cultiver dans les terres fertiles de la Limagne.

Plus tard, Grégoire de Tours raconte qu'au cours de son voyage d'Artonne à Clermont, saint Martin put voir le village de Riom du haut de la colline de Bionet (St Bonnet). Riom n'était donc encore qu'un village, une agglomération de paysans qui augmenta rapidement sans doute. Pour Josiane Teyssot ou Bénédicte Renaud, dans leurs ouvrages sur Riom, il n'existe pas de documents. Ils sont rares aux VIIe et VIIIe siècles, mais des éléments comme une monnaie mérovingienne (un triens) indiquent une importance suffisante pour être devenu en moins de quatre siècles, un chef-lieu de province.

On peut penser que dès sa fondation, la cité dut songer à se protéger.

Comme partout, ces premiers remparts étaient constitués par des palissades formées de pieux enfoncés en terre au-dessus d'un fossé profond. Les murs de pierre vinrent peu à peu remplacer les palissades de bois pour constituer l'enceinte.

Dès les invasions du IXe et principalement du Xe et XIe siècles la bourgade est protégée par une enceinte et un château comtal : une fortification de type « castrum », un peu plus de trois hectares à la partie nord ouest du centre-ville, correspondant en gros au dixième de notre « vieux Riom » Deux faubourgs existants, un au nord Layat, un au sud.

- L'épisode du début du XIIIe siècle : Riom demeuré fidèle à l'évêque est assiégé par les soldats du comte. Ils échouent en raison d'un incendie providentiel qui se retourna contre eux sur le rempart, celui-ci était probablement encore en bois.- (Nous savons que l'incendie ne détruisit pas la ville et ce miracle fut attribué à une intervention de saint Amable).

En 1212, les troupes royales font le siège de la place forte… La cité est prise. En 1213 Philippe Auguste établit un bailli, et Guy de Dampierre, sire de Bourbon, adresse au roi l'état des munitions du donjon de Riom qui lui ont été livrées… À partir d'Alphonse de Poitiers dès 1225-1250, la petite enceinte est démolie et des quartiers nouveaux vont s'édifier au sud du rayon serré autour de l'abbaye et dans la moitié orientale. Un nouveau château est probablement édifié au nord est, avec un donjon de 24 mètres, la tour Bonan.

Riom était alors en situation d'offrir droit de cité aux étrangers et de fournir un abri sûr en cas de guerre à leurs biens meubles.

Selon Bénédicte Renaud, la lecture des textes ne permet pas de déterminer l'ordre chronologique dans lequel ont été conçus d'une part la grande opération de lotissement, d'autre part l'enceinte définitive. Pour Josiane Teyssot le rempart semble antérieur à 1357.

Des mentions dans les comptes anciens établissent que les murailles ont été élevées et entretenues par les habitants eux-mêmes, de leurs propres deniers, au moyen des droits d'octroi ou de barre, de délégation de tailles ou d'aides… les bourgeois ne furent pas les seuls à y subvenir ; les forains qui s'y réfugiaient, les étrangers possesseurs d'immeubles, les nobles le clergé, tout le monde fournit son obole. Les murailles de Riom étaient donc la propriété de ses habitants.

Les villes avec franchise s'administraient elles-mêmes, leur défense incombait au corps de ville. Les qualités militaires des habitants loin d'être établies, on pense plutôt à une solide muraille de protection, avec un périmètre le plus court possible… Les consuls étaient réticents à l'immixtion du pouvoir royal imposant une garnison en cas de menace pour le royaume.

Un exemple en 1631.

L'imposition levée sur Riom est de 973 livres 18 sous 10 deniers, dont le sixième est donné à la ville.

On possède des reçus donnés par les consuls aux élus de Clermont et aux receveurs de cette imposition spéciale, pour les sommes qui en revenaient aux riomois depuis un mandement de Philippe IV le Bel ; celui-ci ordonnant au bailli d'obliger les clercs à contribuer aux tailles et mises communes qui étaient affectées aux dépenses pour la construction et l'entretien des murailles. Philippe V a confirmé ces décisions. Le roi Jean, accorde aux riomois durant sa captivité, deux deniers sur les douze versés pour sa rançon, (ce don est confirmé par lettres patentes de Jean de Berry en 1361). Charles V prorogea plusieurs fois cette autorisation, afin que afin que « *les habitants de Riom furent toujours plus tenus de fortifier et de garder leur ville* ».

Malgré ces dépenses les murailles se trouvaient en mauvais état au début du XVe siècle. Le lieutenant du sénéchal d'Auvergne, nommé commissaire pour visiter les murailles, portes et entrées de la ville, constate qu'elles sont en « chétif » état, ce qui est dangereux à cause des grandes assemblées de gens d'armes qui passent tout près. Les Consuls en 1410, décident de continuer les réparations commencées à la porte de Layat ; on continuera les tours et hours de pierre de taille et les créneaux... on nommera des commissaires pour faire exécuter ce travail. On fera des volets et hours de bois afin de pouvoir aller par-dessus et autour de la ville en cas de besoin. On y travaillait toujours huit ans après. (en 1418).

Une grande enceinte fortifiée est alors construite, correspondant approximativement à la ceinture des boulevards et percée de quatre portes.

Les modifications ont été payées à la fin du XVe siècle.

Le dessin de Guillaume Revel (vers 1450) a été utilisé pour la description des murailles du XVe siècle. Il semble donner avec assez d'exactitude, l'aspect de Riom du côté de Layat, depuis le château jusqu'à la porte de Mozac. Une enceinte renforcée de tours ou d'échauguettes construites au-dessus de contreforts, épousant les irrégularités du relief, accidenté sur cette face, moins sinueux sur les autres faces. La porte de Layat s'ouvrait dans une grosse tour carrée, précédée d'un avant-corps défendu par deux poivrières d'angle.

Pour P.F. Fournier, le dessinateur a donné de vastes proportions de Riom au Moyen-Âge, en représentant des maisons petites et bien rangées, en une masse compacte, qui s'oppose au petit désordre dans l'ordonnance des autres vues de l'armorial.

Les modifications apportées au XVIe siècle sont celles nécessitées par les transformations des moyens de défense et le développement de l'artillerie, mais des réparations incessantes ont été exigées. Après la guerre anglaise, les riomois les négligèrent sans doute un peu. C'est principalement au moment des guerres religieuses, avec la Ligue, que les travaux ont repris avec le plus d'activité. En 1569 on emprunte, et la ville envoie une délégation au roi pour lui demander de faire fortifier le Palais. Un ingénieur de Moulins, Pécaud, est mandé pour diriger les fortifications. Pendant les troubles, les travaux de défense ne cessent pas ; ainsi en 1585, à l'approche du capitaine Merle, les fossés comblés en divers endroits sont rétablis, les palissades en 1595.

La journée d'un maçon se payait de 5 à 8 sous, celle d'un manœuvre 8 sous.

Un exemple de coût avec matériaux en 1608. Extrait d'adjudication (19 août 1608).

Visites et rapport sur les réparations et constructions des murailles entre les portes de Mozac et de Layat.

« *Les experts constatent que la muraille était seulement fondée sur des arcades de pierre, chaux et sable. Si elles avaient chuté, c'était par vieillesse, à cause des eaux pluviales qui ont pourri la chaux, réduite en terre et poudre, comme toute l'enceinte de la ville… À la suite de quoi se sont rencontrés : Sieurs Dumas avocat et Mercier procureur, consuls, Benoît Carlos maître maçon, François Chaussang architecte et Benoît Compaing également maître maçon, habitants de Riom, lesquels ont fait serment de fidèlement regarder et rapporter les ruines de la muraille et les réparations nécessaires pour la remettre en état.*

À reprendre d'une tour à l'autre : 12 toises en longueur et 7 en hauteur, puis 6 pieds d'épaisseur par le bas et 5 pieds par le haut… Que pour remettre et réparer en sûreté, il est bon d'abattre les deux tiers restants, reprendre entièrement, faire les fondements de bonne chaux, sable et grosse pierre de blocage ; élever cette muraille de 7 toises de hauteur sur 12 de longueur, et épaisseur comme elle était auparavant, et au niveau des autres murailles de la ville. Pour ces réparations les experts ont estimé :

Que la pierre menue pour le tiers de 84 ou 28 toises à raison de 10 chars à bœufs pour chaque toise, soit 448 chars de pierre menue qui se prendra à Volvic, distant d'une grande lieue de Riom et coûtera, conduit à pied d'œuvre, à raison de 13 sols chaque char, la somme de 253 livres 12 sols. Pour les créneaux et canonnières, 30 quartiers de pierre de taille à 10 sols pièce, soit la somme de 15 livres. Il faut aussi la chaux qui se prendra à la Tourette distant d'une lieue. Il conviendra aussi pour chaque toise de muraille, 15 tombereaux de sable à raison de 3 sols chacun, à prendre au lieu de Pessat, distant d'une demi-lieue.

Armorial de Revel (milieu XVe siècle)

Pour faciliter les réparations il sera nécessaire au moins 4 à 5 chars de bois pour échafauder, mais qu'après l'ouvrage terminé tout le bois reste à l'entrepreneur ».

Pour subvenir à ces dépenses, la ville obtient l'autorisation de s'imposer de 2000 livres.

L'adjudication par le bureau des finances eut lieu le 3 septembre 1609. D'autres brèches s'étant produites, le travail était important. On peut noter que rien ne fut négligé pour « éclairer » l'entrepreneur sur les soins qu'il était tenu d'y apporter ; il ne doit commencer à bâtir qu'après vérification, par le bureau des finances et les consuls, de la profondeur des fondements. Il profitera des matériaux de la démolition, les nouveaux matériaux qu'il emploiera seront de première qualité.

À la fin du XVe siècle la porte de Clermont devait rendre l'accès plus facile dans la ville. L'enceinte primitive à laquelle s'appuya d'abord la nef méridionale de l'église du Marthuret avait été avancée au sud.

Les murailles devaient suivre les divers accidents du sol présentant des avantages naturels. Elles se soudaient au château et ses défenses accessoires. La topographie défendait presque naturellement, par les pentes raides, les eaux du Sardon, les marais de la Millot asséchés seulement au XVIIIe siècle, le point vulnérable qui se trouvait sans doute au sud ouest. Au temps de la Ligue, la défense était considérée bien assurée au nord est, puisqu'en 1585 seule la porte de la Bade fut laissée ouverte, (la poterne resta murée jusqu'à la fin des troubles), la tour Bonan formant le donjon pouvait avoir à se défendre contre des « ennemis » de l'intérieur et de l'extérieur, le château ne dépendant des tours et murs de l'enceinte que par la tour Goyon.

Aux XVe et XVIe siècles les systèmes de défense différaient peu des deux siècles précédents. Même après l'invention de l'artillerie, les mâchicoulis, sans défense devant les canons, étaient conservés et duraient encore aux premières années du XVIIe siècle ; on se défiait des effets des nouveaux engins. Ainsi, au début du XVe siècle on avait commandé des bombardes à Jean Bompain à Saint-Aignan de Fore pour un prix fait par les consuls, pour la confection de 6 bombardes, quatre portant des pierres de 6 livres et deux portant des pierres de 12 livres. Elles seront payées lorsqu'elles auront été éprouvées. Les Consuls devront fournir un valet et un cheval durant six journées pour aller quérir le fer nécessaire pour l'ouvrage.

Du XVe au XVIIe siècles, on peut imaginer une ville au fort accent rural une liève pourrait donner quelques renseignements sur son fonctionnement à cette période : les tenanciers laboureurs totalisent un pourcentage presque aussi élevé que les gens de justice, respectivement 12 et 14 pour cent. Un extrait de règlement municipal précise : il n'y aura pas d'étables à pourceaux le long des grandes rues ; les fossés tiennent lieu de pacages. En 1635 on apprend, qu'afin d'éviter les fumiers, porcs et bétails ne sortent pas par les 4 grandes portes de la ville, une poterne sera ouverte et qui leur sera affectée.

Pour l'organisation intérieure de la défense, les consuls avaient acquis le droit de nommer un capitaine de ville, avec l'investiture du roi, pour assurer la garde de la cité ; puis des capitaines de quartiers. Après la Ligue, le rôle de la « milice » bourgeoise fut réduite à faire le guet et monter la garde en cas d'alerte. Sept postes ont été établis, les quatre portes, la poterne, le palais et les Taules.

Dès les premières années de la Ligue, M. de Saint-Hérem, alors gouverneur, installa des troupes régulières, dont le nombre ne cessa d'augmenter, malgré la résistance de la ville, – les gens de guerre d'ailleurs souvent indisciplinés et pillards étaient redoutés de toutes les populations. –

L'équipement et l'armement des milices, sorte de garde nationale de l'époque, semblaient d'une diversité plus pittoresque que redoutable. Quelques éléments, extraits du compte consulaire de 1578, véritable inventaire des armes et munitions de la ville : pétards, hallebardes, barils et barriques de poudre, arquebuses mousquets, 13 grosses pièces montées sur leurs chariots…

Dès le XVe siècle la fortification individuelle des seigneurs et des villes va céder la place à la fortification nationale, décidée et réalisée par le pouvoir royal ; essentiellement concentrée sur les frontières terrestres et maritimes des états. Au début du XVIIIe siècle les nations, européennes, sont soumises au pouvoir centralisé des monarchies absolues. Les stratèges du XVIIIe siècle font table rase du passé. Les portes des villes reconstruites sont devenues des symboles monumentaux.

Au XVIIIe siècle quand fut décidée la démolition des murailles, les tours existaient toutes en plus ou moins bon état. L'adjudication des murs à des particuliers fut décidée par le bureau des finances le 17 juillet 1739.

Le Père Thiollier, dans son journal écrit ; « En 1739, au mois de juin on a commencé à Riom le pavé depuis la porte dite de Clermont, jusqu'à celle de Layat. On a en même temps démoli une partie des murs de la ville et refait le pavé des rues.

-1740- Le dimanche du Bon Pasteur, il y eut une procession autour des murs de la ville ; en novembre on a achevé la clôture du Pré Madame.

-1745-Mars- On a commencé à raccommoder le chemin du fossé qui conduit de la porte de Layat à celle de Mozac.

-1747-Mars- On a jeté les fondements de la porte de Riom dite de Clermont.

-1750- Le 17 février, on a commencé à détruire l'ancienne porte de Layat qui menaçait ruines et au mois d'octobre suivant on en a fait une neuve avec les parapets. »

La porte de Layat a été démolie, pour aménager les travaux que nous savons, aménager la pente, avec deux rampes, escaliers et la fontaine construite par Attiret de Manneville, pour l'Intendant de Chazerat. De chaque côté, des boulevards bordés d'arbres, voilà d'agréables sorties vers parcs et jardins… dont l'histoire est à suivre dans un prochain exposé.

Anne Marie ESCUDIER

Sources : outre documents personnels et auteurs cités dans le texte.

E. Clouard : « Les gens d'autrefois » tome I. (Réédition de l'ouvrage paru en 1910. Éditions Res Universis, Paris 1992).

Portrait de Madame Adélaïde (1777-1847) par Louise-Adélaïde Desnos.
Huile sur toile, ancienne collection du roi Louis-Philippe.
Collection particulière. Reproduction interdite.
(Page 5)

Collection Domaine de Randan - Région Auvergne
(Page 13)

(Page 13)

Paysage de neige. Lave émaillée de J.-A. Borel
(Page 108)

Scènes campagnardes auvergnates.
Lave émaillée de J.-A. Borel
(Page 108)

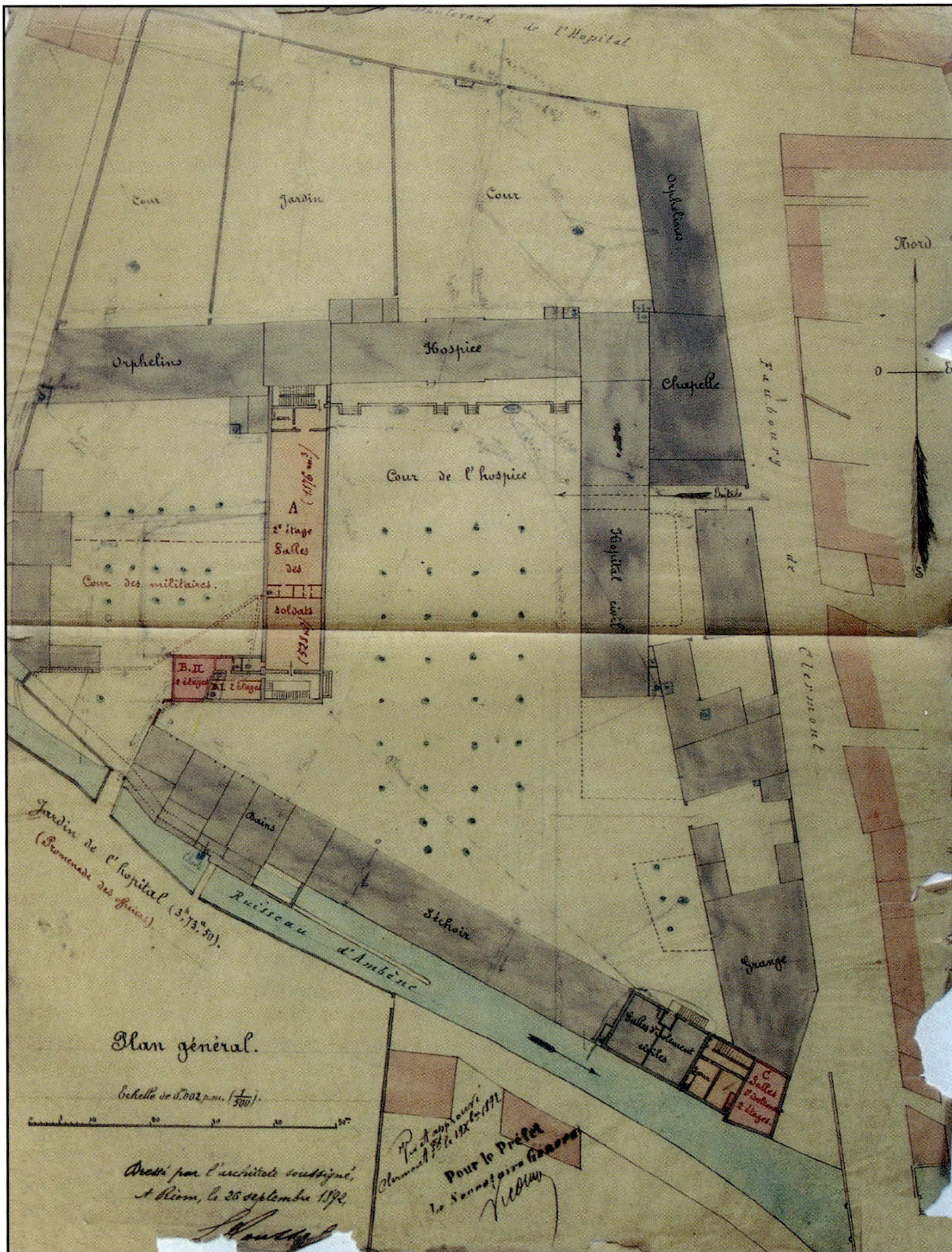

Plan de l'hôpital
(Page 129)

SQUARES, PARCS ET JARDINS

AU FIL DU TEMPS

Au cours du XVIIIe siècle et grâce au zèle des édiles riomois que l'Intendant contrôle et encourage, la ville subit des transformations profondes et s'ouvre aux nouvelles nécessités économiques. Sous la pioche des démolisseurs les remparts croulent, sur les fossés comblés de nouvelles promenades sont créées. À la fin du XVIIIe siècle, Attiret-Manneville se verra confier l'entrée de la porte de Layat, le tracé des boulevards et l'embellissement du Pré Madame. Ce dernier est inscrit au Plan de Sauvegarde du Centre Ancien comme site à protéger.

Pendant le siècle des Lumières, la volonté est d'ouvrir les espaces publics vers de vastes horizons. Dans l'esprit philosophique, beauté urbaine et utilité se conjuguent. Les Riomois arpentaient le Pré Madame et le jardin du couvent des Cordeliers ; ces derniers réclament, en janvier 1709, un espace situé entre leur jardin et les remparts de la ville. Ils considèrent que « *cette place embellira leur jardin qui est à proprement parlé celuy des habitants les plus distingués qui leur font l'honneur de s'y aller promener tous les jours* ».

Et en 1860, la ville crée son premier jardin public au faubourg de Clermont : l'actuel square Virlogeux. À cet emplacement, en 1762, M. de Laval de Lacresne, subdélégué, avait passé un bail avec les Carmes Déchaux de Riom pour louer leur enclos afin d'y établir une pépinière royale.

Les intentions du gouvernement de l'époque étaient de répandre et propager la culture du mûrier et la production de la soie.

Dans cet enclos les quatre foires annuelles prennent place en 1790. En août 1858, un détachement de cavalerie s'installe dans l'abattoir déserté devenu caserne Vercingétorix. Le foirail situé devant devient champ de manœuvres. Rapidement trop petite, cette place d'armes fait place à un jardin public en 1860.

Le 1er février 1862, le maire M. Annet Tallon réunit son conseil pour approuver le tracé du square, car M. le Maire fait opérer des travaux pour fêter le passage de l'Empereur, de l'Impératrice et du petit prince Impérial. La municipalité a voulu « *donner pour le*

Square Virlogeux.

jour de la réception un aspect plus gracieux et plus convenable à l'entrée de notre ville ». Ce square, avec de larges allées plantées d'arbres, entremêlées de gazon, une vaste pièce d'eau au centre est terminée pour le 8 juillet 1862. Flatté de l'honneur de cette visite impériale, le maire demande à l'empereur le droit de le nommer "Place Napoléon III". Le square d'un hectare reçoit par la suite son aménagement définitif de jardin à l'anglaise : installation de la grotte, du double bassin franchi par la passerelle. Un grillage en fer remplace peu à peu le rudimentaire treillis de bois qui bordait le square.

En janvier 1864 l'eau des bassins du square gèle. Le confiseur de la ville, le Sieur Leyridon, demande « *de prendre dans les bassins du square Napoléon... la glace nécessaire à son industrie, en offrant de payer une indemnité à la commune* ». Autorisation acceptée « *à la charge pour lui de verser à titre d'indemnité une somme de vingt-cinq francs payable à la caisse municipale... à la condition d'enlever la glace sous la surveillance des préposés de la mairie et à manière à ne causer aucun dommage aux berges des bassins, aux allées et plantations du square* ».

En mai 1898, le maire M. Millet demande la création d'un emploi de gardien spécial dans le square et les promenades. Selon le rapport « *chaque jour on constate des dégradations non seulement commises par les enfants non surveillés, mais aussi par la malveillance* ». Le gardien municipal est chargé de la surveillance et de la police - et porte un képi d'agent de police – il est placé sous les ordres de l'architecte voyer. Un fleuriste riomois entretient massifs et gazon.

Jusqu'au début du XXe siècle, sur l'eau gelée du lac, les enfants, les hommes en chapeau melon, les frous-frous des femmes, se côtoient pour déambuler ou s'adonner au plaisir du patinage. À la belle saison, les arbres se reflètent dans les eaux calmes du lac. Le gardien surveille les arbres nouvellement plantés… et à l'époque de la cueillette du tilleul, il veille à ce que toutes les personnes qui font cette cueillette soient munies d'une autorisation délivrée par la mairie. Le règlement intérieur précise « *il est interdit aux ramasseurs… de monter sur les arbres, de casser les branches – la cueillette doit être faite au moyen d'échelles* ».

Jardin de la Sainte Chapelle.

Sous la IIIe République, les squares sont un lieu privilégié pour l'instruction publique. La sculpture s'intègre dans les parcs. L'ampleur de ce phénomène justifie le terme de « statuomanie ». Le maire confie au député Étienne Clémentel, qui est son adjoint, la demande d'une statue au ministre des Beaux-Arts pour décorer le square. Provenant des réserves des Musées Nationaux, en 1903 la ville reçoit en dépôt un beau marbre le "Narcisse" de Caldelari. Mais il est nu ! Le maire Albert Millet pense « *qu'il y aurait certains inconvénients à l'exposer dans le square où vont beaucoup d'enfants* ». Il est alors installé au musée de Riom.

M. Clémentel effectue de nouvelles démarches. Ernest Dagonnet -statuaire- est alors chargé en janvier 1904 par M. Chaumié le ministre des Beaux-Arts d'exécuter une reproduction en bronze de sa statue *"La Marseillaise"*. Cette statue est dédiée aux soldats de l'an II : ces soldats qui sauvèrent la jeune République de l'invasion étrangère.

Six mois plus tard M. Clémentel, maire depuis le 15 mai, la reçoit en dépôt ainsi que le groupe de marbre blanc "Le chef gaulois mourant" de Henri-Louis Greber. Ce groupe comporte deux figures de guerriers gaulois. Selon l'usage, la municipalité doit acquitter les frais d'emballage et de transport ! Le socle de La Marseillaise et l'installation des deux œuvres sont financés par la Société du Musée. En présence de M. Vallé garde des sceaux, de grandes fêtes ont lieu pour leur inauguration le 15 août 1904.

Pour que la surveillance du parc soit plus efficace, le conseil municipal approuve le 13 octobre 1907 la construction côté ouest du square d'une maisonnette à usage de logement pour le gardien, la construction est confiée à l'entrepreneur riomois M. Grand. Les deux cygnes blancs placés provisoirement dans les jardins de la Cour d'Appel sont alors transférés au square. M. Clémentel les avaient obtenus en 1905 du jardin d'acclimatation et considère que « *les cygnes embelliront encore ce jardin public qui fait l'admiration des étrangers venant visiter notre ville* ». A la suite de la Grande Guerre la municipalité fait ériger, à l'entrée du square et face à la gare (elle est d'actualité), un monu- ment pour honorer le souvenir de ses morts. En pierre de taille, cet arc de triomphe est bâti en 1923 d'après les plans de Ruprich-Robert, inauguré par M. Millerand président de la République le 7 juillet de la même année.

Parc Dumoulin.

Le 14 juillet 1939, la municipalité commémore le 150e anniversaire de la Révolution française. Après être passé sous l'arc de triomphe, le cortège entre dans le square et se répartit autour de la statue de la Marseillaise. Là,

M. Besson, le maire, procède à la plantation d'un arbre de la Liberté.

L'architecte de la ville, M. Galinat en février 1942 établit un nouveau projet d'une clôture de troènes dits de Californie. Et en février 1950, M. Treyve, le paysagiste bourbonnais exécute un plan de réaménagement du square. Il est chargé de l'élaboration des devis et de la surveillance des travaux. M. Echegut, pépiniériste riomois en fait l'aménagement.

Les familles sont attirées par le parc d'enfants, le maximum de place lui est réservé avec bancs, jeux, à la lumière et au soleil.

Quelques pas plus loin le parc Dumoulin accueille le visiteur. Outre la salle qui porte son nom, il comprend aussi le stade. À gauche en entrant dans le parc, une colonne en trachyandésite se dresse, c'est la première concession de la famille de Félix Dumoulin il en est le dernier descendant et le parc lui appartenait. Au lieu-dit "Les moulins", cette vaste propriété de deux hectares 46 est délimitée au sud par deux bras de l'Ambène. Elle comportait, terrains d'agrément, parcelles potagères et plusieurs prés verger dont l'un est l'actuel stade, Le propriétaire, issu d'une famille de marchands tanneurs, est né à Riom le 25 août 1865, de Sylvie née Peyrin et de Jean surnommé Léon, marchand de cuirs puis banquier. Fils unique, orphelin de père à 17 ans, ses études le mèneront à la profession d'avocat à la cour d'appel de Paris. Il est sportif et gymnaste. À Riom, le maire M. Savarin fonde en 1884 la Riomoise, il en est le Président. La société regroupera ensuite, plusieurs disciplines. Félix Dumoulin et Étienne Clémentel la fréquentent, ils ont à peine vingt ans. Trois ans plus tard en février 1887 après la démission de M. Savarin, Félix Dumoulin en devient le Président, et a l'idée de créer un livre d'or que M. Clémentel secrétaire illustre de nombreux dessins.

L'avocat parisien possédant une fortune personnelle, édifie dans sa propriété un somptueux bâtiment et désire donner l'hospitalité à toutes les sections de la Riomoise. À la pointe du progrès dotée de l'électricité, cette construction de 770 m² est remarquable par son luxe et le bon goût artistique qui a présidé à son édification - les statuaires Fulconis et Mouly, les peintres Carot, Franc-Lamy et Alphonse Cornet y travaillent.

La Riomoise donne de brillantes fêtes le 24 septembre 1887, à l'occasion de l'inauguration de son nouveau local.

Suite à certains événements parisiens auxquels gymnastes et musiciens faillirent être impliqués, Félix Dumoulin ferme la salle. La plaque de marbre “La Riomoise” est emportée sur un charreton.

Le 22 octobre 1920, Félix Dumoulin décède à son domicile riomois, il a 55 ans. Il n’a pas de descendance directe. Sa mère lui survit jusqu’au 6 juin 1922 et institue l’Académie française sa légataire universelle. À charge pour l’Académie « *d’instituer des prix de vertu, de subventionner ou créer des œuvres d’hygiène, de préservation morale, d’encourager à la natalité ou au retour à la terre* ». Parmi les biens légués figure l’immeuble situé à Riom composé du vaste local et du parc.

En 1922, la ville a besoin d’une salle publique et d’un stade pour l’installation d’œuvres post-scolaires laïques. La municipalité jette son dévolu sur la propriété Dumoulin et engage des pourparlers avec l’Académie française. Les péripéties sont nombreuses. L’acquisition amiable n’ayant pas pu aboutir, une procédure d’expropriation pour cause d’utilité publique est

DÉPARTEMENT DU PUY-DE-DOME

COMMUNE DE RIOM

PUBLICATION DU JUGEMENT D'EXPROPRIATION

en exécution de la loi du 3 Mai 1841, modifiée par celles des 21 avril 1914, 6 Novembre 1918 et 17 Juillet 1921 et le Décret du 28 Décembre 1926.

De la grosse dûment en forme exécutoire d'un jugement rendu en audience publique par le Tribunal départemental du Puy-de-Dôme, section de Riom, séant en ladite ville, le cinq mai mil neuf cent vingt-sept, enregistré, il a été extrait ce qui suit :

Le Tribunal départemental du Puy-de-Dôme, section de Riom, jugeant civilement et en audience publique :

Vu le décret du 7 décembre 1926 qui déclare d'utilité publique l'acquisition d'un immeuble pour y installer les œuvres post-scolaires laïques ;

Vu les plan et état parcellaires indiquant les terrains et édifices dont la cession est nécessaire pour l'établissement desdites œuvres ;

Vu l'arrêté de M. le Préfet, en date du 25 mars 1927, prescrivant l'ouverture des enquêtes ;

Vu l'ensemble des pièces relatives aux enquêtes, savoir : un exemplaire du journal *Le Riom Républicain*, en date du 2 avril 1927, publié à Riom, annonçant que les plan, état et autres pièces relatifs à l'établissement des œuvres post-scolaires laïques sur le territoire de la commune de Riom, seront déposés à la Mairie de la commune de Riom du 3 au 12 avril 1927 ; le certificat dressé par M. le Maire de la commune de Riom constatant que le même avertissement a été publié à son de caisse le 3 avril 1927 et affiché dans la commune de Riom, du 19 mars au 12 avril 1927 ; le registre des enquêtes parcellaires ouvert dans ladite commune le 3 avril 1927, clos le 12 avril 1927, contenant les déclarations et réclamations admises ; l'extrait de la délibération du conseil municipal de Riom, en date du 15 avril 1927 ;

Vu l'arrêté préfectoral, en date du 23 avril 1927, qui déclare cessibles, pour cause d'utilité publique, pour servir à l'installation des œuvres post-scolaires laïques, les propriétés désignées dans l'état parcellaire annexé audit arrêté ;

Vu la loi du 3 mai 1841, sur l'expropriation pour cause d'utilité publique.

Ouï M. Mazoires, juge, en son rapport et M. le Procureur de la République en ses conclusions.

Attendu que de l'examen des pièces ci-dessus visées il résulte que toutes les formalités prescrites par la loi ont été remplies ;

Que dès lors, par application de l'article 14 de la dite loi, l'expropriation pour cause d'utilité publique des propriétés désignées par l'arrêté de cession sus relaté doit être ordonnée.

Prononce l'expropriation pour cause d'utilité publique des immeubles ci-après désignés, situés dans la commune de Riom, connus sous la dénomination d'« Immeubles Dumoulin » et figurant au plan cadastral.

SECTION	NUMÉRO	PROPRIÉTAIRE	LIEU DIT	NATURE	SUPERFICIE
K	267 p	ACADÉMIE FRANÇAISE, par Me RAYNAL, notaire, rue de l'Horloge, numéro 9, à Riom	Avenue Vercingétorix	Maison	»
K	267 p	id.	Les Moulins	Terrain d'agrément	12 ares 60
K	267 p	id.	id.	Sol	3 ares 20
K	267 p	id.	id.	Jardin	1 ares 70
K	268 p	id.	id.	Sol	2 ares 82
K	269 p	id.	id.	Terrain d'agrément	5 ares 33
K	271 p	id.	id.	Pré	26 ares 94
K	272 p	id.	id.	Terrain d'agrément	76 ares 60
K	274 p	id.	id.	Verger	100 ares 38
K	323	id.	id.	Jardin	3 ares 00
K	324	id.	id.	Jardin	3 ares 20

Commet M. Mazoires, juge, pour remplir les fonctions attribuées par la loi au Magistrat directeur du Jury, chargé de fixer les indemnités et en cas d'empêchement désigne M. Bouchet juge, pour le remplacer.

Ainsi jugé et prononcé à l'audience publique du tribunal du Puy-de-Dôme, section de Riom, du cinq mai mil neuf cent vingt-sept, tenue par MM. Virot, président, Mazoires et Bouchet juges, En présence de MM. Aymard, substitut du Procureur de la République, et Germaneau greffier.

Signé : VIROT, président — Signé : GERMANEAU, greffier

Enregistré à Riom, le 5 Mai 1927, case 1163, folio 89, reçu décimes compris : gratis.

Signé ROUAIN.

engagée (décret du 7 décembre 1926). Persévérant, M. Clémentel a des compétences juridiques, et de nombreuses relations avec divers membres de l'Institut notamment MM. Raymond Poincaré et Louis Barthou. L'Académie transige, elle désire aboutir à un règlement amiable. Et lors d'une séance du 12 février 1929, la ville de Riom acquiert définitivement immeuble et terrains, pour la somme avantageuse de 90 000 francs. La jouissance des meubles dépendant de la succession est abandonnée par l'Académie française à la ville de Riom qui s'engage à donner le nom de Parc et salle Dumoulin, patronyme familier aux riomois.

La salle restaurée à partir de 1931 n'a cessé d'être utilisée par des associations aux activités les plus diverses. En 1935 un terrain de football et d'athlétisme est aménagé. Au cœur du parc, le buste de l'académicien Pierre de Nolhac signé Bermstamm fait vivre le souvenir de celui qui fut l'ami de Georges Salvy.

Le parc accueille les serres municipales, et en 1960, un couple de jeunes daims apprivoisés fait la joie des enfants.

Nous terminerons par le jardin de la Cour d'Appel qui est le seul espace vert public situé à l'intérieur du périmètre délimité par les anciens remparts. Suite à la démolition des anciennes prisons, les abords de la Cour d'Appel sont aménagés à la fin du Second Empire. En 1869 le rapport de l'architecte de la Cour Impériale note : « l'espace ainsi libéré se verra converti en jardin clos non accessible au public et réservé à l'usage seul du Palais de Justice ».

L'architecte Léon Agis-Ledru trace les plans de ce jardin paysager. Cinq emplacements sont matérialisés, et dans cette « *imitation de la nature à l'état sauvage* », celui du centre, circulaire, pourrait figurer le bassin. Le jardin accueille également la figure emblématique de la législation française, Michel de l'Hospital, ce marbre daté de 1881 est signé du sculpteur Eugène Sollier.

Le jardin appartient au Ministère de la Justice et son épais feuillage n'est aperçu qu'à travers les grilles. Afin de mettre en valeur la Sainte-Chapelle, la municipalité projette le réaménagement du jardin.

Un accord est conclu en 1993 entre le Ministère de la justice et la municipalité de Riom, qui a la charge de le restaurer et l'entretenir. Laurence Chaumeton, ingénieur horticole, réalise l'étude, et entend réintroduire une grande palette de végétaux : rhododendron, azalée, glycine, cornus controversa, et faire de cette palette un écrin de verdure. Elle a voulu « *que les fleurs se succédant au fil des saisons soient blanches pour souligner les lignes de ce chef-d'œuvre de pierres volcaniques sombres* ».

Afin d'amener de la lumière, deux marronniers entourant la statue de Michel de l'Hospital sont abattus. À son pied est planté un rosier rouge dédié aux habitants du quartier, il est le symbole du cœur battant du lieu. Un petit jardin privatif clos d'une haie d'ifs est réservé à la Cour d'Appel.

Le règlement intérieur du jardin tient de la nécessité de lui garder le caractère d'une promenade et non d'une aire de jeux, et de préserver la sérénité des lieux.

Le 5 juin 1993, dans la lumineuse douceur, le jardin de la Cour d'Appel ouvre ses grilles au grand public.

Le mot urbanisme va remplacer ce concept d'embellissement du siècle des Lumières, et ceci grâce aux ententes entre architectes, paysagistes et horticulteurs.

Jocelyne et Alain PILLON

Sources :

Archives municipales

Archives départementales

"Étienne Clémentel et les arts" (Ville de Riom-Musée Mandet)

"La Riomoise" de Jean Boulay

LA CROIX DE MISSION À RIOM

En France, le début du XIXe siècle verra apparaître et disparaître les régimes monarchiques Les défaites napoléoniennes de 1814 eurent pour conséquence le retour de Louis XVIII. Napoléon réinstalla l'Empire jusqu'à sa défaite de Waterloo en 1815. *« Sire, cent jours se sont écoulés »* ce fut par ces paroles fameuses que le préfet de Paris Chabrol-Volvic accueillit Louis XVIII. Celui-ci régna jusqu'en 1824. Son frère et successeur, le comte d'Artois devenu Charles X qui voulait gouverner par ordonnances, se verra opposer le peuple de Paris qui se révolta en juillet 1830. Ensuite Louis-Philippe d'Orléans maintint la royauté de 1831 à 1848, ce que nous appelons la Monarchie de Juillet.

Après la signature du Concordat en mai 1801 rétablissant la liberté et la paix religieuses, la ferveur religieuse renaît chez les Riomois. Les églises sont remises en état et meublées ; un renouveau des œuvres de charité est constaté chez nos concitoyens. Après l'abdication de Napoléon en 1815, l'ardeur royaliste reprend le dessus ; ainsi, en 1816, Riom retrouve ses armes : un R accompagné de deux fleurs de lys. Le nouvel abbé Achart-Lavaur, nommé à Saint-Amable jusqu'en 1821, veut réveiller la foi des Riomois.

Après la tourmente révolutionnaire, l'Église s'emploie à restaurer la pratique religieuse. Très tôt, dans les diocèses, on recourt à des missionnaires dont la tâche est d'aller dans les paroisses, afin de prêcher à nouveau l'Évangile. C'est ainsi que le 11 mars 1818, huit missionnaires de France, envoyés à Riom, ouvrent une mission par une procession solennelle. Y assistent la Cour Royale, les Tribunaux, M. le Sous-Préfet, M. le Maire, les fonctionnaires des différentes administrations, les chevaliers de Saint-Louis et de la Légion d'Honneur, les officiers militaires ainsi que la garde nationale à pied et à cheval. On dit que leur séjour occasionna aux habitants de la ville de Riom une dépense d'environ 50000 francs plus 10000 francs pour l'érection de la Croix de Mission.

Les missionnaires sont occupés à ériger un monument à la gloire de Dieu et au triomphe de la religion. Pour cela, une croix est préparée : Mme de Macheu donne un chêne de 48 pieds (16 m). M. de Chardon donne les pièces de l'assemblage du socle.

M. Delauzanne donne les bois du croisillon. Les habitants déposent des sommes d'argent au Bureau des marguilliers de leur paroisse. La croix est ornée de ses attributs auxquels sont mêlés ceux de la Royauté. Au-dessus de l'arbre, se trouve un globe surmonté d'une couronne de fleurs de lys.

Quand il est question de trouver un emplacement, Messieurs les Missionnaires indiquent la place du Marché au Bled, dite place Saint-Amable. On objecte un moment que ce n'est pas un endroit de respect dû au signe sacré de notre religion ni un lieu de tranquillité parfaite que demande le recueillement des chrétiens. Une autre difficulté concerne la voirie : la circulation des voitures sera-t-elle gênée ou même interrompue ?

La mairie prend l'avis de son architecte Attiret-Mannevil qui reconnaît que la place est assez vaste et offrirait de chaque côté du monument un passage libre à plusieurs voitures de front. Le maire ne peut qu'autoriser les missionnaires à ériger la Croix à l'extrémité de la place Saint-Amable vers l'aspect de l'ouest.

Sur un piédestal haut de plusieurs marches, cette Croix de Mission de 16 m de hauteur est plantée le 1er mai 1818 vers 18 heures en présence de tous les officiels présents à la cérémonie d'ouverture. Elle « *s'est offerte majestueusement aux regards des 25 000 âmes de la ville et des campagnes* ». Dans son discours, le Directeur de la Mission, M. Guyon, tend à prouver que la religion est le fondement essentiel de l'ordre social ; il rappelle que l'amour et la pratique de la religion sont étroitement liés au respect des peuples envers leurs souverains légitimes.

Pendant toute la Restauration, jusqu'en 1830, cette croix devient un lieu de pèlerinage devant lequel chacun s'agenouille publiquement ; elle reçoit en outre, de nombreux ex-voto de métal affectant pour la plupart une forme de cœur. Depuis cette mission, chaque année, la procession des Rameaux s'arrête à cet emplacement et, sur le piédestal, l'évangile prescrit par le Rituel est chanté. En 1829, la décision d'installer un château d'eau en lieu et place de la Croix n'est pas suivie d'effet.

Après les 3 Glorieuses de juillet 1830, alors que Charles X s'enfuit en Angleterre, la municipalité riomoise prête serment à Louis-Philippe d'Orléans. L'apparition d'un sentiment antireligieux va avoir de lourdes conséquences dans notre bonne ville de Riom. La croix, monument « monarchico-religieux » devient l'objet de plaintes qui se manifestent par des placards apposés sur plusieurs édifices publics et même jusqu'à la porte de M. Le Maire. En novembre 1830, suite à ces demandes, M. le Maire Chamerlat, se déplace chez M. le Curé Charles Joseph Dalbine et lui explique ses craintes que la Croix ne soit renversée par les malveillants et qu'il serait juste de l'enlever. M. le Curé lui déclare qu'il croit ces craintes chimériques et que, de toutes les façons, il ne peut le faire sans au préalable avoir été autorisé par ses supérieurs. Le curé pose la question à l'Évêque qui lui répond le 15 novembre 1830 par un refus de transporter la croix dans l'église.

Cette lettre est communiquée au Maire qui donne des ordres à la garde nationale de surveiller et faire respecter la Croix.

En février 1831, lors de la visite du Préfet, des réclamations pour déplacer la croix lui sont faites. M. Le Sous-Préfet et M. le Maire présentent une nouvelle fois à M. le curé les mêmes craintes et les mêmes motifs.

L'affaire n'en reste pas là, le Conseil Municipal se réunit le 19 février 1831 et délibère (vingt voix contre une) qu'il y a « *intérêt et urgence à ce que la Croix de Mission soit déplacée du lieu où elle est. Il invite en conséquence M. le Maire à se pourvoir auprès des autorités supérieures afin d'être autorisé à faire opérer ce déplacement* ». Cette délibération est envoyée aussi au ministère de l'Intérieur qui l'approuvera le 6 mars 1831.

Le préfet par intérim avertit les fabriciens de Saint-Amable de cette délibération. En retour, ceux-ci écrivent au Sous-Préfet et au Maire pour leur demander le maintien de la Croix sur la place. Selon eux, la population ne le souhaite pas et s'y opposerait ; d'autre part, ils se proposent de faire disparaître les signes et emblèmes qui rappellent la dynastie déchue.

À cette lettre, le Maire répond qu'il attend la décision de l'autorité supérieure et ajoute : « *Quant aux emblèmes proscrits, cela ne regarde que l'administration municipale car l'autorité des fabriciens ne s'étend pas au-delà de leur église* ».

Le 13 mars, par lettres du Maire et du Sous-Préfet, le curé apprend qu'il ne s'agit plus de mettre la croix à l'abri dans l'église mais, dans l'intérêt de la voirie, de lui trouver un lieu convenable… Le 17 mars, il transmet ces lettres à sa hiérarchie.

Le 18 mars, un arrêté préfectoral est pris pour déplacer la croix et pour qu'un Conseil Municipal extraordinaire en définisse les modalités d'exécution.

Le 20 mars, le Conseil délibère sur 3 propositions concernant le lieu de translation :

- Placer la croix sur une place publique (refus à l'unanimité)
- L'adosser au mur de l'église aspect de nuit (à l'ouest)
- La placer dans un des hospices (ces 2 dernières propositions sont rejetées à une forte majorité).

Finalement, il est décidé de proposer à l'autorité ecclésiastique de transporter la croix dans une des églises de la ville. En cas de refus, il y aura transfert de cette croix au cimetière. En cas de second refus, elle serait déposée dans les magasins de la mairie.

Le 21 mars, M. le Curé reçoit à la fois, l'arrêté préfectoral, les décisions du Conseil Municipal et la réponse de Mgr l'Évêque précisant que « *l'emplacement qui est du côté de l'église Saint-Amable et qui est à la gauche du portail, conviendrait à merveille* ».

Dès le lendemain, cette lettre de l'Évêque est transmise au Maire.

Le 25 mars 1831, à 5 h 30, un office est célébré en ce matin du vendredi de la Passion. Au moment où les gens sortent de l'église Saint-Amable pour se rendre à leurs travaux, ils aperçoivent 11 ouvriers tous étrangers à la ville (des Clermontois) qui apportent des outils et échelles près de la Croix. La foule composée essentiellement de femmes, se jette sur ces ouvriers, les insulte et les frappe. Sont signalées comme premiers auteurs de la sédition, deux servantes : l'une au service du curé de Saint-Amable, l'autre au service de M. Bidon de Villemonteix ; elles se retirent dès l'arrivée du commissaire de police et des tambours de la garde nationale. Le maire, arrivé sur les lieux, fait arrêter deux femmes du peuple. Il doit aller chercher personnellement les ouvriers effrayés qui s'étaient retirés dans une auberge. Ceux-cicontinuent leur travail sous la protection de 2 compagnies de la Garde Nationale, 2 brigades de gendarmerie départementale renforcées par la compagnie de gendarmes sédentaires. Par sentiment de jalousie ou par suite de menaces, les ouvriers de la ville de Riom avaient refusé de prêter leurs engins et outils, ce qui a obligé le Maire à réquisitionner « *les objets les plus nécessaires* ».

À 13 heures, le Maire fait une dernière tentative pour convaincre le curé d'apporter son concours, sans succès.

Après démolition du piédestal, l'inspection du bois révèle qu'il était entièrement pourri. À 17 heures, lorsqu'il faut descendre la croix qui avait été sciée à la base, un câble se rompt. La croix et le christ se brisent en multiples morceaux. La révolte de la foule mécontente est contenue grâce à la présence des nombreuses forces de l'ordre qui avaient mis leurs armes en faisceaux. Tous les morceaux sont transportés à la mairie.

Finalement, à 18 heures, tout est terminé, il n'y a plus de croix sur la place.

Plus tard, le christ en morceaux est récupéré par des mains pieuses. En 1895, quand le curé de Saint-Amable, Duprat, accueille une nouvelle mission, le christ reconstitué est placé sur une nouvelle Croix érigée à l'extérieur de Saint-Amable, angle ouest.

Dix-sept ans après, une autre mission fera remplacer le christ en bois qui était en piteux état, par un christ en fonte. Peu de mois après, en cette même année 1912, le curé de Saint-Amable Michy décède alors que le pape Pie X élève l'église Saint-Amable au rang de Basilique mineure. C'est vraisemblablement le même christ en fonte, impressionnant par sa taille sur la Croix, que nous pouvons apercevoir à l'extérieur de Saint-Amable.

En conclusion, la démolition, destruction administrative, enlèvement, translation, appelez-la comme vous le souhaitez, a été, en mars 1831, un sujet d'incompréhension, de polémiques et de discorde entre les autorités ecclésiastiques et administratives de notre cité. Chacun a sa propre interprétation des faits et ne veut en démordre.

Cependant un dernier élément peut donner un éclairage un peu différent :

C'est une lettre écrite par le Préfet Rogniat et adressée à Mgr l'Évêque ce 26 mars 1831.

« *En suite de la lettre que vous m'avez fait l'honneur de m'écrire le 24, j'ai transmis sur-le-champ à M. le Sous-Préfet de Riom des instructions dont le but était de faire adosser la croix de mission au mur de l'église de Saint-Amable, conformément à votre proposition ; ces instructions n'ont pu lui parvenir qu'hier 25 à deux ou trois heures de relevée.*

Ce matin 26, je lis dans le journal du département, qu'on travaillait hier au déplacement de la croix ; ce déplacement ne préjuge pas la question de son replacement au lieu indiqué, et sans avoir aucun autre renseignement que celui que je viens de mentionner, je vais écrire de nouveau au Sous-Préfet, au sujet de ce replacement. J'ai l'honneur, etc. Le Préfet Rogniat »

Quand vous pensez que, ce 25 mars 1831 au matin, M. le Préfet donna des instructions conformes qui durent arriver au plus tard à deux heures, et que la croix n'a été renversée qu'à cinq heures, vous pouvez en tirer vous-même les conclusions !

Georges TARNOWKA

Sources :

Délibérations du conseil Municipal de Riom (Archives de la Ville)

Le Courrier de la Limagne

Journal du Puy-de-Dôme

L'Ami de la Charte

JEAN-AMABLE BOREL, ARTISTE PEINTRE, ÉMAILLEUR SUR LAVE (1896-1990)

Jean-Amable Borel est né en 1896 à Clermont-Ferrand. Il fait l'École des Beaux-Arts de Clermont-Ferrand, en obtenant le deuxième prix en 1913. Décoré de la Croix de guerre pendant sa vingtième année, en 1916.

Professeur de dessin à l'Institution Sainte-Marie à Riom, il obtient à ce titre les Palmes Académiques en 1963. Il reçoit la médaille du Meilleur Artisan de France en 1965, avec comme œuvre Notre-Dame de Marsat en Majesté.

Pendant vingt ans il est chef d'atelier à l'usine Saint-Martin à Mozac, dirigée par les industriels Seurat qui fermèrent leurs portes en 1972. De cette usine sortaient des tables d'orientation, des panneaux indicateurs, des paillasses pour les laboratoires… La plupart de ces commandes étaient faites par Michelin et le Touring Club de France. C'est la première utilisation industrielle de la lave émaillée, avec des plaques de noms de rues et des plaques d'indications routières. L'une des plus belles réalisations est la plaque d'orientation située à « La Samaritaine » qui fait découvrir Paris depuis les toits avec un panorama exceptionnel et sans pareil pour l'époque.

Puis il s'installe à son compte en 1939 au lotissement des Capucins, aujourd'hui rue de la Paix. Jean Borel précise que *« dans cette affaire, j'ai acquis quelque chose d'une valeur extrême mais qui ne se monnaye pas : la Liberté ! De plus j'ai vécu très honorablement… sans jamais faire fortune. D'ailleurs, je ne connais pas d'exemple d'artisan ayant fait fortune ! »*

Il mettait en vente ces plaques émaillées dans plusieurs villes thermales de la région comme Châtel-Guyon, Le Mont-Dore, Vichy… En 1950 une exposition a présenté ses œuvres au Grand Palais à Paris, c'est l'une des rares fois où il a fait salon.

Il avait dans sa palette les talents de dessinateur, « croquiste » (voir les esquisses faites durant la guerre de 1914-1918) et de peintre et coloriste. Ses œuvres sont d'une qualité remarquable du fait de son coup de crayon exceptionnel, qui en fait tout naturellement un artiste à part entière.

Ses œuvres sont pour la plupart classées dans les « émaux vitrifiables ».

La première étape consiste à choisir des morceaux de lave en fonction de sa granulométrie. Cette lave de Volvic, dite andésite ou trachyte-andésite, est coupée au préalable par plaques de quelques millimètres d'épaisseur. Nous savons que cette lave de Volvic est extraite depuis des siècles dans la Chaîne des Puys, au Puy de la Bannière. Les qualités de la lave de Volvic sont nombreuses c'est un support idéal pour l'émail en raison de sa résistance aux acides forts et aux fortes températures. Par ailleurs, elle est non gélive, et a une très bonne résistance mécanique. La technique de l'émail sur lave a été découverte par un peintre-verrier Ferdinand Mortelèque travaillant à la Manufacture de Sèvres en 1827, sous l'impulsion du Comte Chabrol-Volvic, préfet de la Seine.

L'émaillage est une technique très ancienne remontant au VIe siècle avant J.-C., en Égypte et en Grèce. La technique se décline sous plusieurs classes : le champlevé, le cloisonné, l'émail taille basse etc. L'émail est un mélange de silice, de minium, de potasse, de soude et d'oxydes métalliques donnant la couleur. Le fondant quant à lui s'obtient par le broyage d'une poudre incolore. En fait l'émaillage consiste à fixer des poudres d'émail à des cuissons successives de l'ordre de 800 degrés.

Une fois la qualité de la plaque recherchée vient ensuite la mise d'une couche blanche d'émail qui est passée au four à 1 000 degrés. Sur cette surface est passé un calque du dessin à réaliser, calque piqué à l'image d'un carton de broderie, ce dernier est travaillé avec des émaux à l'eau ou à l'essence, requérant d'extrêmes précautions dans le geste et la maîtrise du coup de crayon. Les couches d'émail sont passées à l'aide d'un pinceau en poils de martre. La plaque est mise au four pour la seconde fois, et ce à 850 degrés seulement pour éviter de faire couler le fond d'émail. C'est cette étape ultime qui fixe à demeure les couleurs et de façon inaltérable.

Pour l'artiste le moment de vérité reste la cuisson, le feu est le seul facteur de réussite de la plaque émaillée. Quelques degrés de différence et le travail reste anéanti.

Cette alchimie des trois éléments que sont la terre, l'eau et le feu, une fois fusionnés et maîtrisés, reste.

Jean-Amable Borel est considéré par beaucoup comme le « maître à créer » des émailleurs de la région, ayant pris la lave emblématique de l'Auvergne comme support idéal. On lui doit une œuvre considérable. Sa technique le hisse au sommet de cet art de l'émail. Il reproduisit des vierges italiennes, des scènes campagnardes auvergnates, avec les outils caractérisant ces personnages : le vigneron et sa hotte ou la fileuse et sa quenouille… (voir pages 88-89 du cahier couleur)

Il a doté les églises d'Auvergne de chemins de croix exceptionnels, comme ceux de Châtel-Guyon, La Bourboule, Giat et bien d'autres. Il dessina de nombreuses têtes de Christ très expressives ainsi que des Christ en croix. Il dressa des portraits d'hommes célèbres comme le RP de Foucauld, Mermoz, Monseigneur Douarre, Beethoven, Berlioz… Il travailla également pour honorer des commandes privées de tous ordres.

Jean-Amable Borel a travaillé, sans cesse, jusqu'à sa mort en 1990.

Amoureux du travail bien fait, cet artiste riomois a réussi à nous envoûter par l'immensité de ses talents, dont témoigne son importante production.

Jean Paul VIALLIS

Bibliographie :

- Remerciements à Louis Borel pour son amabilité, fils de Jean-Amable, émailleur pour ses précieux renseignements et prêts.

- Journal "L'éclair" du 12 février 1945 "Sur la lave de Volvic, Jean-Amable Borel retrouve le secret des vieux émailleurs"

- "Le Chardon", Bimensuel du 16 octobre 1980 "Jean-Amable, BOREL, décorateur-céramiste sur lave émaillée" Chroniques du vieux Riom, Vol 4. (2003)

- Volvic : une pierre et des hommes / sous la dir. d'Yves Connier et Marc Prival. Éditions CREER - 2008.

LES TREMBLEMENTS DE TERRE

Depuis la nuit des temps, les tremblements de terre terrorisent et intriguent l'homme.

Considérées comme la colère des dieux, les secousses de la terre étaient alors, dans l'imaginaire collectif, sœurs des éruptions volcaniques. Le tonnerre des orages n'a, pour rival dans les esprits, que le grondement de la terre.

S'il est vrai qu'une catastrophe peut en entraîner une autre (raz de marée, incendie) l'homme a, jusqu'à une période récente, cherché à comprendre les raisons des tremblements de terre.

En l'absence d'études scientifiques (l'observatoire de physique du globe à Clermont-Ferrand existe depuis 1920), nos anciens pouvaient relier l'activité volcanique aux secousses sismiques.

Les chercheurs sont unanimes : les phénomènes ne sont pas obligatoirement liés. Il n'y a pas de relation de cause à effet.

Nos vieux volcans ne devraient pas se réveiller si la terre se mettait à trembler. Et s'ils se réveillaient, la terre n'en tremblerait pas pour autant.

Dans notre région, Sidoine Apollinaire, au Ve siècle, évoque des tremblements de terre effrayants.

Au VIe siècle Grégoire de Tours évoque un séisme, en 542, en Auvergne. C'est là tout ce que nous en savons.

Pendant 900 ans les archives sont curieusement pauvres. Profitons de cette pause pour remarquer que le Massif Central est classé zone à risques faibles.

En France, les Pyrénées, les Alpes et le fossé Rhénan sont considérés comme à risques élevés mais bien moins toutefois que d'autres régions du monde.

Isidore, évêque de Séville (+ 630) explique, dans son livre « *De nature Rerum* » : « *C'est une chose naturelle ; d'après les philosophes, la terre est en*

Chapiteau de l'Apocalypse XIIe siècle.

Placé dans le chœur de l'abbatiale de Mozac, il tombe au XVe siècle sous l'effet d'un tremblement de terre.

Réemployé dans un mur, il est retrouvé en septembre 1983 par le club historique mozacois.

forme d'éponge, elle a des cavernes par lesquelles elle s'imbibe d'eau. Quand la terre a ainsi pris du vent, qu'elle ne peut en recevoir davantage, alors le vent fait entendre des bruits sourds et des mugissements ; la terre tremble ou se fend pour livrer passage au vent. Le tremblement est fréquent et même continu là où il y a des cavernes, comme dans les montagnes ou les terres épaisses ; il n'y en a pas où le sol est sablonneux... Le tremblement de terre doit inciter les hommes à la conversion, selon ce qui est écrit : les pieds de l'apôtre restèrent immobiles et la terre de toute part, fut poussée vers la foi ».

L'absence de mentions de tremblements de terre pendant une longue période, dans les archives, ne signifie pas, pour autant, qu'il n'y en a pas eu.

Curieusement il est très rare que soient mentionnées les pertes humaines.

Les fortifications, les châteaux, les églises, les bâtiments de l'administration civile sont cités.

Certains conservent des traces de séismes qui sont autant de jalons de l'histoire.

Les drames humains engendrés par les catastrophes naturelles, autant attristants qu'ils soient, vécus souvent comme une fatalité, se fondaient dans la misère, les épidémies, les guerres.

Dans les villages les maisons de construction légères (bois, torchis) devaient s'écrouler comme « château de paille ». Dans les villes, les bâtisses en pierre, se virent adjoindre, expérience aidant, des contreforts aux angles (plusieurs sont encore visibles à Riom).

En l'absence d'archives, on passe de Grégoire de Tours (tremblement de terre en 542) à un séisme en 1437, celui qui touche l'abbaye de Mozac, d'après Arlette Maquet, dans son ouvrage « *Cluny en Auvergne-ville de Souvigny* ». L'historienne hélas ne cite pas ses sources.

Émile Clouard, dans son livre sur Riom, *Les gens d'autrefois* (Paris Honoré Champion libraire, édition 1910), rapporte une source qui aurait aujourd'hui disparu : « *Dans un petit volume ayant appartenu à Gilbert Sardier, chorier de Saint-Amable, puis chantre du Marthuret, nous lisons ce qui suit : en l'an 1452, Jean de Champs, bourghois, fust le second consul de la ville de Riom et le premier consul estoit Messire Bénigne de Longueville, advocat, aussi de ceste ville et la dicte année ils firent revestire l'ung des quatre pilhiers du clocher de lad. Esglize de Saint-Amable, craignant la cheutte dud. Clochier et ce à cause dung grant tremblement de terre qui se fist que peu de temps auparavant duquel toute la voulte du bas de lad. Esglise tumba* ».

Francine Mallot, dans son article « *Les tremblements en Basse Auvergne aux XVe et XVIe siècles* » (in *L'histoire en Auvergne*, CREHA, 1995) n'évoque pas de séisme en 1452. La note 2 page 724 de l'ouvrage de Clouard indique à propos du « *petit volume ayant appartenu à Gilbert Sardier* » : « *Petit registre manuscrit très curieux obligeamment communiqué à l'auteur par M. Beaulaton, propriétaire à Riom.* ». Nous sommes en 1910 ; qu'est devenu depuis le document ? D'ailleurs Mme Mallot prévient dans son article : « *Les secousses sismiques ont certainement été plus nombreuses que les trois crises que nous allons exposer : 1477, 1490 et 1570, mais nous avons retenu celles qui ne laissaient pas de doutes sur leur réalité* ».

Si l'on considère l'information de Clouard comme véridique, la date de 1452 est séduisante car elle rend crédibles des restaurations de l'église abbatiale de Mozac par Raymond de Marcenat, abbé à partir de 1459, puisqu'on retrouve son blason une trentaine de fois dans les parties reconstruites. Toutefois, c'est l'abbé Louis Ier de Banson qui dirige Mozac de 1424 à 1458. Du tremblement de terre jusqu'à la fin de son abbatiat, il aurait disposé d'au moins six années pour entreprendre des réparations. Curieusement son blason ne figure sur aucune des parties gothiques de l'abbatiale. Raymond de Marcenat a pu évidemment continuer ou entreprendre des travaux sept ans après le séisme.

Si aucun document ne rattache le tremblement de terre de 1452 à Mozac, la faible distance qui sépare le clocher de Saint-Pierre de Mozac de celui de Saint-Amable de Riom (moins de 2 km) rend envisageables d'importantes destructions à Mozac, pendant que la voûte de Saint-Amable s'écroule et que son clocher menace ruine.

Le 29 juin 1477 intervient le premier séisme important connu dans l'histoire de l'Auvergne. Les actes capitulaires de Notre-Dame-du-Port à Clermont le relatent. Il y a une cloche cassée. L'obituaire (registre des morts) de l'abbaye de Mozac l'évoque aussi. L'église Saint -Jean d'Ambert possède un texte gravé sur son portail sud : « *Lorsque la terre si fort tremblait et que le monde en date comptait Mil quatre cent septante sept ce portail se commençait.* »

Benoit Maillard, prieur de l'abbaye de Savigny en Lyonnais (1460-1520) écrit dans l'une de ses chroniques : « *L'an du Seigneur 1477, le jour des saints Pierre et Paul, l'avant dernier jour de juin, environ la septième heure du matin, il y eut un grand tremblement de terre presque partout le royaume de France... pendant longtemps et à divers intervalles, et cela après la comète.* »

Six ans après, le roi Charles VIII écrit aux élus du Bas Pays d'Auvergne (17 janvier 1483) pour qu'ils aident les habitants de la ville de Riom « *dont beaucoup se sont enfuis tellement qu'il n'en est demeurée que la tierce partie qui voulait être et à ceux qui y sont demeurés à cause des tremblements de terre qui ont été audit pays leur a été démolie et abattue leur église principale plusieurs autres maisons et manoirs de ladite ville.* »

Le 1er mars 1490 intervient le plus important séisme de l'histoire de l'Auvergne. Une chronique de Benoit Maillard précise : « *Le lundi premier mars 1490, entre la neuvième et dixième heure du matin, il y eut un grand tremblement de terre dans le pays d'Auvergne, de Savoie, de Bresse, de Dauphiné et autres provinces voisines, si bien qu'en Auvergne le château de Pontgibaud fut presque renversé et l'abbaye de Mozac s'écroula en plusieurs points ; à Billon deux églises tombèrent ; à Clermont, à Montferrand, à Riom et autres villes de ce pays il y eut beaucoup de prodiges. Le samedi 6 mars entre la dixième et la onzième heure, il y eut encore tremblement de terre et furieux tonnerre.* »

Les procès-verbaux du chapitre général de l'ordre de Cluny évoquent aussi les dégâts causés en 1490 à l'abbaye de Mozac. Une délibération de la ville de Clermont, en date du 2 mars 1490, dit « *qu'il est nécessaire d'abattre ce que le tremble avait cassé* ».

La Coutume d'Auvergne dira plus tard que ce séisme renversa la partie supérieure du clocher de Saint-Amable. Deux chapelles de la même église furent détruites, ainsi que le dôme du Marthuret et une partie de l'église des Cordeliers.

Il convient d'être prudent pour l'interprétation des textes. Ils ont parfois une fâcheuse tendance à relater des informations non vérifiées, dont le contenu se modifie avec le temps.

On aura ainsi, plus confiance dans les comptes-rendus contemporains des événements.

Comme le fait justement remarquer Francine Mallot (*L'histoire en Auvergne C.R.E.H.A. 1995 - « Le Marthuret n'avait pas de dôme à l'époque du séisme »*. En effet, ce n'est qu'en 1584 qu'il remplaça la flèche.

Il était habituel aussi d'exagérer les dégâts dans les lettres à l'administration afin d'obtenir plus de compassion, plus d'aides, moins d'impositions.

Le tremblement de terre de 1490 n'en reste pas moins le plus violent et le plus dévastateur que connut l'Auvergne. Les remparts de Clermont et leurs tours dévastés, une tour de Notre-Dame du Port s'écroule. Il y a l'imminence d'un grand danger sur la flèche de l'église d'Orcival. Il y a des dégâts à Riom et à l'abbaye de Mozac, et le château de Pontgibaud est presque renversé. Henri Pelletier – *Notes historiques sur les séismes en Auvergne* – 1969 – écrit : « *Il faut, sans nul doute attribuer au séisme de 1490 le degré 9 dans l'échelle de Richter et admettre que l'épicentre se trouvait dans la région Clermont – Riom.* »

La suite n'est, jusqu'à nos jours heureusement, que du domaine de l'anecdote :

1540 : pas d'incidences connues

1570 : seul, un document conservé aux archives communales de Riom (GG, 4.) fait part d'un séisme qui, le 31 juillet et le 1er août, inquiéta les Riomois. Les chanoines de Saint-Amable firent procession.

À Riom un « ébranlement » est ressenti le 8 mars 1594. Les gens sortent de leur maison, l'air inquiet.

Le 14 juillet 1765, vers trois heures du matin, les plafonds craquent, quelques meubles sont déplacés. On ne signale aucun dégât.

Pour être exhaustif il faudrait mentionner des dizaines de secousses sans gravité qui ébranlèrent le sol auvergnat.

Plus près de nous, le 3 octobre 1920, près de Brioude ; le 14 août 1935 Clermont et ses environs ; le 25 mars 1957, à 7 h 47 min, pendant 6 secondes, autour de Limons en Limagne, etc.

Autant de dates qui démontrent, si besoin était, que la terre vit et bouge depuis que le monde est monde.

D'aucuns y verront un châtiment divin annonciateur de la fin du monde comme il est dit dans l'Apocalypse de saint Jean. Le pécheur, pour sa rédemption, devait reconstruire et suivre fidèlement les lois de l'Église.

Curieusement, un chapiteau dit de l'Apocalypse est retrouvé, en septembre 1983, dans le mur sud du chœur gothique de l'abbatiale de Mozac. Après un ou plusieurs tremblement(s), qui avait (avaient) ruiné l'abbaye, cette sculpture avait servi de première pierre symbolique placée par les restaurateurs, au bas et au tout début du mur sud du nouveau chœur. Y avait-il dans l'esprit des moines du XVe siècle une volonté d'exorcisme ?

Le chapiteau provient d'une partie de l'édifice endommagée par un tremblement de terre. Il décorait jusqu'alors le sanctuaire roman. Changement de destination, il sera désormais partie intégrante du nouveau mur, celui qui connaîtra d'autres séismes, mais qui parviendra toutefois jusqu'à nous.

La sculpture illustre avec fidélité le verset de l'Apocalypse selon saint Jean, chapitre 7,1 qui dit

« *Après quoi je vis quatre anges, debout aux quatre coins de la terre pour qu'il ne soufflât point de vent, ni sur la terre, ni sur la mer, ni sur aucun arbre* ».

Souvenons-nous d'Isidore, l'évêque de Séville, qui, au VIIe siècle, écrivait « *la terre tremble ou se fend pour livrer passage au vent…* »

Jean-Marie PERONA

HISTOIRE DES PRISONS À RIOM DEPUIS LE MOYEN-ÂGE JUSQU'À NOS JOURS

Ville judiciaire de premier plan, pendant des siècles jusqu'à nos jours, Riom a possédé et possède encore plusieurs prisons.

La plus ancienne, la tour Bonan, donjon subsistant du château d'Alphonse de Poitiers démoli par Jean de Berry. Avec la tour Goyon, elle protégeait le château ducal, auquel elle était reliée par une passerelle avec pont-levis. En cas d'attaque, le seigneur et les siens se réfugiaient dans la tour; le pont-levis relevé, la tour était inaccessible.

Cette tour, haute de 24 mètres, avait des murs épais de 7 mètres à la base et de 4 mètres au sommet.

À côté de la Sainte Chapelle la tour Bonan

Percée de rares ouvertures, son diamètre était de 17 mètres. Dans le bas de la tour se trouvaient les cachots où Jean de Berry faisait enfermer ceux qui résistaient à ses ordres ou à ses exactions, que ce soit des personnages importants ou simples manants.

Ainsi, en 1373, il y fit enfermer pendant huit jours les représentants de Montferrand et Aigueperse, car ces bonnes villes d'Auvergne aux États Provinciaux rechignaient à satisfaire à ses lourdes exigences.

Les prisonniers étaient attachés par de lourdes chaînes.

Au-dessus des cachots était l'étage où se trouvaient, enfermés dans des cages eux aussi, les animaux sauvages et exotiques dont le duc était friand (girafes, autruches, lions...) importés à grands frais d'Afrique, ménagerie que Jean de Berry avait fait construire pour son divertissement.

Enfin, au sommet de la tour, se trouvaient des appartements privés à l'usage du duc et des siens.

La tour Bonan fut détruite en 1826. Sur son emplacement sont bâtis de 1829 à 1834 le corps de bâtiments méridional et la partie sud du corps oriental de l'actuelle Cour d'Appel.

Le Tribunal d'Instance, à l'entrée de la rue Jean de Berry, est construit sur l'emplacement de la maison du bourreau.

Malgré ces murs imposants et ces dures conditions d'enfermement, on s'évade beaucoup de la tour Bonan :

- En 1556, Louis S..., Sergent Royal en la Sénéchaussée, âgé de 50 ans, laisse évader contre son gré des forçats enfermés dans la tour qu'il devait conduire à Marseille.

  Un des prisonniers a d'ailleurs tué sa femme. En raison de cela, le Procureur Royal a voulu l'arrêter et l'enfermer aussi dans la grosse tour, pourtant visiblement peu étanche... Le Sergent a préféré s'enfuir.

- En 1648-1649, 117 prisonniers espagnols et leurs 15 officiers, logés dans le « *hault étage et chambres des tours du vieux château* » s'évadent, en faisant une ouverture dans le plancher, puis de la toiture et par les toits sont descendus sur les courtines du Palais et de là, au moyen d'une corde, sont passés dans les fossés du côté de la Bade.

Le dépôt de mendicité

Les dépôts de mendicité furent institués par un arrêt de 1767. À Riom, le dépôt de mendicité a pris place dans l'enceinte de l'Hôpital Général en 1771.

En 1798, ce dépôt fut, en plus de sa destination primitive, converti en maison de correction et de détention pour les femmes. Avant cette réorganisation « *l'établissement ne renfermait que des mendiants, des fols, des insensés, des vagabonds, des enfants de moins de douze ans* ».

Le dépôt de mendicité est également un lieu de rotation des détenus.

À Riom règnent à la fois insalubrité et promiscuité. Malgré ce contexte défavorable, ce dépôt connaît une situation sanitaire meilleure que n'importe quel autre établissement carcéral. En vertu de cela, des prisonniers de la Maison d'arrêt demandent leur transfert lorsqu'ils sont souffrants. Un projet de transfert de ce dépôt de mendicité dans les bâtiments du couvent de la Visitation n'eut aucune suite de la part de l'Administration.

En 1821, l'architecte Attiret ébauche des plans pour « *des loges supplémentaires* » au dépôt de mendicité à l'Hôpital Général, vraisemblablement à la suite d'un rapport sur les prisons de Riom, rédigé à la demande du sous-préfet de la ville, rapport très certainement classé sans suite par les autorités de l'époque.

Le Refuge

qui devint par la suite Maison de Réclusion (ou Maison d'Arrêt et de Justice)

<u>Histoire de l'institution du Refuge</u>.

Une dame pieuse, Mademoiselle de Serre, veuve de Monsieur de Serre, avocat, émue du désordre causé par les prostituées, les enferma dans une maison particulière et fournit à leur alimentation et à leur entretien.

Peu après, elle pria les administrateurs de l'Hôpital Général de s'en charger, ce qu'ils acceptèrent. Ils logèrent les filles dans un bâtiment de l'Hôpital, mais bientôt ils ne voulurent plus ce soin, à cause du mauvais exemple. La même dame logea alors les filles dans une maison derrière le Palais. Elle obtint l'autorisation de bâtir une maison pour le Refuge, aux dépens des Dames de

Charité, en vertu d'une délibération des habitants, en novembre 1681.

M. Dufraisse, Conseiller du Roi, obtint alors des lettres patentes pour la construction de ce Refuge, qui en 1687 fut installé près du Palais. La direction en fut confiée en 1692 aux religieuses de la Charité de Nevers. Ce bâtiment, situé à l'emplacement de l'actuel rue Jean de Berry (percée à partir de 1866) « *servait à enfermer les filles de mauvaise vie qui voulaient faire pénitence de leurs fautes, celles que les pères, mères, oncles, tantes et autres proches parents jugeront ne pouvoir être corrigées, ni retirées de leurs débauches et celles qui seront prises et amenées par la police et autorité de juges... pour icelle maison estre lesdites femmes appliquées aux ouvrages et manufactures qui leur seront ordonnés* », ainsi d'une fille débauchée par un notaire de Riom, et qui en a eu un enfant, puis en a eu un autre d'un autre notaire de Riom, est enfermée selon le désir de ses parents... Un habitant de Vic-le-Comte met sa fille au Refuge pour la vie, moyennant 900 livres mis en rente, soit 45 livres par an.

Les filles amenées au Refuge sont interrogées par les directeurs, mises au pain et à l'eau, fustigées pendant quinze jours et rasées, puis remises en liberté, si elles sont étrangères et si l'on ne paye leur pension. Les nouvelles venues sont gardées quelques jours à part, jusqu'à ce qu'on les ait visitées... Une boule et une chaîne de fer sont mises au milieu du cachot, pour attacher les filles rebelles. Le fouet est donné aux filles par les Dames de la Miséricorde ; la personne qui fustige les filles détenues rebelles est payée 4 sous par jour...

En 1790, le Refuge devient bien national. Il est cédé en octobre 1793 au Comité de surveillance, pour servir de maison de réclusion pour tous les prévenus du département et « ceux qui ont à subir une peine de détention aux fers et de la police correctionnelle que les cinq tribunaux d'arrondissement y envoient ».

Le 19 novembre de cette même année 1793, Attiret dresse un procès-verbal des réparations à faire dans l'ancien Refuge, en vue de sa nouvelle destination. Il constate que celles-ci sont de deux espèces : les unes regardent la salubrité, les autres relèvent de l'entretien. D'autres procès-verbaux suivis de devis seront rédigés par l'architecte, sans être davantage pris en considération.

Sous la Convention, quelques « gens suspects » sont emprisonnés. D'autres sont incarcérés dans une maison de réclusion, l'Hôtel Dufraisse affecté à cet usage (notamment le lieutenant criminel Chabrol, Madame de Chazerat, Madame Dufraisse du Cheix, la sœur de Malouet, des parents du général Desaix…)

Les détenus de la Maison d'arrêt du Palais étaient confondus avec les criminels de droit commun. Il y en avait plus de 300. Leur nombre était tel que leur santé en était éprouvée.

En 1810, la Maison de justice occupe un bâtiment situé dans l'enceinte du Palais, au sud du donjon, et en bordure du boulevard, à l'angle de la Porte de la Bade. Avant 1789, elle servait de prison pour tous les criminels du ressort des Présidial et Sénéchaussée d'Auvergne.

Description de cette maison d'arrêt :

Dans le devis d'un projet du 22 décembre 1810, Attiret écrit :

« *Elle est composée de plusieurs bâtiments incohérents et isolés, sans rapport entre eux, ni avec l'établissement auquel ils appartiennent, on voit que ce sont des maisons particulières qui y ont été réunies successivement… La modicité des fonds accordés pour son entretien n'a permis aucune amélioration… Les charpentes et planchers sont dans un état complet de vétusté* »

Le projet consiste en une recomposition totale des bâtiments de l'ancien refuge autour d'une cour, en leur fixant à chacun un usage spécifique. Ce projet ne sera pas retenu par l'administration, qui se contente d'effectuer quelques réparations.

En 1816, un sieur Tailhardat-Fayette, concierge surveillant, qui vient de prendre ses fonctions au mois de mars de la même année, écrit dans un rapport :

« D*ans la Maison de justice et de correction de Riom, les filles publiques ne veulent rien faire, les aliénées ne peuvent rien faire, les autres condamnées travaillent à la filature du coton, du lin et du chanvre, matières premières apportées par des particuliers en très petites quantités. Les prix ne sont pas élevés, mais ils sont les mêmes que ceux des femmes des campagnes qui travaillent chez elles. Le revenu est partagé en deux, une partie pour les travailleuses, l'autre pour la Maison est destinée aux besoins des femmes détenues auxquelles le gouvernement ne fournit pas soupes pour les filles publiques, blanchissage, linge, habillement…* »

Il n'y eut jamais de grands travaux dans cette Maison de justice et de correction jusqu'à la mort d'Attiret. Des réparations ont eu le mérite de conserver l'établissement. Cette maison d'arrêt est supprimée en 1824 et les bâtiments seront détruits par la suite en 1867. Le jardin du Palais, établi en 1880, serait à l'emplacement de ce Refuge-Maison d'arrêt. De l'ancien Refuge ne subsiste qu'une fontaine, rue Jean de Berry.

- De cette prison aussi, les détenus s'évadent ou tentent de s'évader :

- En 1811, tentative d'évasion de deux condamnés à la peine de mort.
- En janvier 1814, neuf prisonniers s'évadent de la Maison de Justice de Riom, condamnés, l'un à dix ans de réclusion, pour blessures graves, un autre aux travaux forcés à perpétuité et à la flétrissure, pour vol avec violence, un troisième, déserteur, accusé de vol, un quatrième, cultivateur, accusé d'incendie.

Les décès sont également fort nombreux.

La lecture des différents rapports rédigés par les gardiens et concierges de la Maison d'arrêt et de justice de Riom permet de penser que les conditions de vie dans les cachots devaient être particulièrement dures. Ces nombreux décès ont amené les autorités à s'en inquiéter. Ainsi, le 11 ventôse An XII de la République, le Commissaire du gouvernement près le tribunal criminel du département du Puy de Dôme adresse un courrier au Maire de la ville de Riom, car, dit-il :

« *il voit avec peine que des circonstances fâcheuses en elles-mêmes s'opposent à l'exécution de la loi qui veut la punition du coupable et la réparation de l'injure faite à la société. Le régime médical de la Maison de justice et d'arrêt est tellement organisé que chaque jour nous apprenons le décès de quelqu'un de ceux qui y sont détenus soit pour cause de prévention, soit en vertu d'un jugement. Il est décédé 49 individus dans l'espace d'une année, dont 24 depuis le 1er vendémiaire dernier… L'un d'eux a péri sous l'effet d'un vomitif trop violent… Citoyen maire, il est de mon devoir de m'intéresser à l'existence des malheureux qui y sont détenus, surtout quand il arrive fréquemment que des particuliers prévenus de délits graves échappent à la peine qui est établie… Citoyen maire, il est impossible et il serait contraire aux principes d'humanité d'exiger que ces derniers soient transférés dans la Maison de correction de Riom, tant que leur vie y sera exposée de manière aussi essentielle ...Les soins, comme les médicaments, sont distribués avec une parcimonie nuisible aux individus, il existe un défaut, où une négligence intéressée dans l'officier de santé, chargé des soins des malades... Nous vous invitons au nom de ce qu'il y a de plus saint, de faire choix sans délai d'un officier de santé, docteur en médecine, qui ordonnerait les remèdes à employer...* »

En un mot, le citoyen maire est prié de faire le nécessaire, dans un souci d'humanité, et surtout pour que soit exécutée la loi qui veut la traduction du condamné à des peines correctionnelles.

Nous trouvons également beaucoup de courriers émanant d'épouses, mères ou parents de prisonniers, qui s'étonnent et s'inquiètent de n'avoir plus de nouvelles d'eux. Ils apprennent par retour de courrier que ces proches sont morts, parfois depuis plusieurs mois.

Règlements intérieurs dans les prisons.

La lecture des règlements intérieurs des prisons nous en apprend aussi beaucoup sur « l'ambiance » carcérale de l'époque :

- Le 10 juin 1811, le Procureur Général près la Cour Impériale de Riom, baron de l'Empire, adresse un courrier à MM. le Maire et Adjoints de la ville de Riom. Il rappelle l'article 22 du nouveau code pénal :

« *Quiconque aura été condamné à l'une des peines des travaux forcés à perpétuité, à temps, ou de la réclusion, avant de subir la peine, sera attaché au carcan sur la place publique. Il y demeurera exposé aux regards du peuple durant une heure ; au-dessus de la tête sera placé un écriteau portant en caractères gras et lisibles, ses noms, sa profession, son domicile, sa peine et la cause de sa condamnation* ».

Il ajoute :

« *Si je vous ai parlé de cet objet, c'est que plusieurs citoyens, et même quelques magistrats, m'ont fait remarquer que, pour la publicité et l'exemple, il était à propos que les poteaux et les carcans fussent sur la place des Taules, ainsi que cela était pratiqué anciennement* ».

- en 1822, les autorités se soucient de l'état sanitaire des prisons. Le règlement intérieur stipule à propos des cachots et des fers :

« *Les cachots et cabanons au-dessous du sol doivent être supprimés, même ceux du rez-de-chaussée, lorsqu'ils sont insalubres. Il est interdit au geôlier de faire usage des fers, à moins que les prisonniers n'ayant commis des violences, et que le Maire, après avoir entendu les détenus dans leur moyen de défense, n'ait autorisé ce moyen de répression* ».

- Toujours en 1822, le 26 mars, il est rappelé ses devoirs et obligations au concierge :

« *Il doit veiller à ce que la plus grande propreté règne dans la prison. Que le bon ordre soit maintenu... que chaque détenu reçoive la quantité de vivres qui lui est due, et dans le cas où le pain serait de mauvaise qualité, en rendre compte à l'autorité. Que la division du sexe et des individus par nature de crimes, ou délits, soit ponctuellement observée... Qu'ils doivent être les consolateurs du prisonnier, ne lui parler qu'avec aménité et aller au-devant de ses besoins... Il leur est expressément défendu de les frapper et de les tutoyer... Ils doivent avoir soin de les exhorter à remplir leur devoir religieux.* »

Couvent des Cordeliers : le cloître

Le Centre de détention, puis Maison Centrale, à partir de 1989.

Ce Centre occupe l'ancien couvent des Cordeliers. Déclaré bien national à la Révolution, ce couvent devient quelque temps le siège de l'administration du district, puis une caserne. Le projet de convertir les bâtiments en maison de détention date de 1801. Cette maison de détention est destinée à recevoir les prisonniers de huit départements (Allier, Cantal, Corrèze, Creuse, Haute-Loire, Loire, Puy de Dôme et Rhône) ; Attiret, architecte, puis Cournon, ingénieur des Ponts et Chaussées, furent successivement chargés d'établir des projets d'aménagement de l'édifice. Ces projets n'auront pas de suite. Cournon approuve, comme Attiret, le choix des bâtiments du couvent :

« *On dit que ces bâtiments sont solides, en bon état, bien entretenus par la municipalité... Le local est vaste, bien aéré, pourvu d'eaux vives, et par conséquent salubre.* »

En juin 1808, l'Inspecteur Général des bâtiments civils, Gattez, à qui le projet est soumis, approuve cette idée.

En fait, la transformation de l'ex-couvent des Cordeliers en centre de détention sera l'œuvre de deux architectes : Rousseau et Degeorge. Rousseau sera responsable de cette prison jusqu'en 1821.

Le centre de détention commence à fonctionner le 1er février 1821, bien que les travaux ne soient pas achevés. Le 27 du même mois, le Ministre de l'Intérieur démet Rousseau de ses fonctions et nomme Attiret pour surveiller les travaux « *et faire réparer les malfaçons signalées* » :

La Maison Centrale

« *Les constructions sont exécutées de la manière la plus grossière, les conditions du devis n'ont pas été remplies et il a été commis des malfaçons considérables dont la plupart ne peuvent plus, aujourd'hui, à cause de l'avancement des travaux, être exactement appréciées ni réparées* ».

Au début de l'été 1984, le bâtiment fut vidé de sa population carcérale, car il faisait l'objet d'un vaste chantier destiné à restructurer l'ensemble de ce complexe.

Las, en mai 1987, l'affaissement de l'un des contreforts de la façade sud entraîna l'effondrement d'une voûte qu'il soutenait au dernier étage de l'église (les contreforts de soutien n'étaient pas en pierre de taille, le parement en pierre de Volvic cachait en fait un agglomérat disparate de torchis, de moellons et de terre venu du Moyen-Âge.

L'église, classée Monument Historique, devait être réhabilitée et n'abriter au final que la partie administrative du nouveau centre de détention.

Par décret paru au Journal Officiel du 6 janvier 1989, ce Centre de détention pour détenus purgeant des condamnations de un à trois ans devient Maison Centrale pour des détenus condamnés à de longues, voire très longues peines.

Devant l'inquiétude du personnel pénitentiaire et des Riomois, le Ministère de la Justice énumère les différentes mesures prises pour renforcer la sécurité de l'établissement : miradors tenus 24 heures sur 24, renfort de barbelés, plus de surveillants, détenus « sélectionnés avec soin » pour être compatibles avec la structure de l'établissement, etc.

Anecdote : l'arrivée du premier groupe de détenus prévue le 1er juin 1989 fut repoussée de huit jours et plus... faute de serrures et de clés aux portes des cellules, et faute de barreaux aux fenêtres de certaines cellules.

Pour avoir le droit de se promener à l'intérieur du couvent-prison et en admirer le cloître, il faut avoir commis quelque crime, ce qui n'est pas à la portée de tout le monde, ou être surveillant, pour jouir de ce privilège, à titre d'« ange gardien ».

Des prisonniers de guerre furent internés chez les Cordeliers, et en 1940, le stock français d'eau lourde venant du laboratoire Joliot-Curie a transité dans une des cellules, avant de prendre la fuite vers l'Angleterre, via Bordeaux.

Suzanne DÉLU

Sources :

- *Thèse Josiane Teyssot : Riom capitale et bonne ville d'Auvergne (1212-1557)*
- *Cahiers de l'Inventaire des archives communales antérieures à 1790*
- *Registre de détentions 1793-1811 (Archives communales : AC)*
- *Prisonniers 1819-185O (A.C. ; série 4 I)*
- *Administration des établissements de répression 1795-1848 (A.C ; 4 I)*
- *État sanitaire et décès 1804-1807 (A.C.)*
- *Photos : collection privée*

JEAN REYNOUARD (1903-1966)
ANCIEN MAIRE DE RIOM

Jean Reynouard est né le 11 août 1903 à Besse-en-Chandesse. Son père est pharmacien et maire, conseiller général et député du Puy-de-Dôme, un ami de Clémentel.

Sa famille est originaire de l'Ardèche.

Il fait ses études secondaires au lycée Blaise Pascal à Clermont-Ferrand. Puis il suit les enseignements de la Faculté de droit ainsi que ceux de l'École libre des sciences Politiques à Paris. En 1935 il revient à Riom, où son père lui rachète la charge d'avoué de Maître Lacroix. Ses bureaux se situent avenue Virlogeux. En 1939, il est mobilisé au 13e escadron du train.

Jean Reynouard s'attache alors à maintenir le bon fonctionnement de la justice dans son département. Il est d'abord nommé suppléant de justice de paix du canton de Riom-Est en 1942, puis désigné l'année suivante comme membre de la Chambre Nationale des avoués près la Cour d'Appel.

Aux élections de 1944, la liste de Monsieur Caux est élue. Premier contact avec la vie politique, il devient conseiller municipal de Riom avec la charge de membre de la commission des hospices.

En 1945, il devient président de la chambre de discipline des avoués près la Cour d'Appel de Riom ainsi que rapporteur général du budget de la ville.

En 1948 il remonte à Paris, cette fois comme sénateur.

Ses collègues du Palais Bourbon appréciant son travail, il est impliqué dans de nombreuses commissions,

dont les principales : défense nationale, justice et législation civile, criminelle et commerciale, suffrage universel, règlements et pétitions, ravitaillement et boissons, travail et sécurité sociale.

Par ailleurs, il est nommé membre de la commission chargée d'étudier la codification et la simplification des textes législatifs et réglementaires, et élu vice-président de la commission du travail. Auteur de nombreux amendements, Jean Reynouard dépose un texte réformant le projet de loi instituant des mesures exceptionnelles pour remédier à la crise du logement. Il propose par ailleurs des modifications au projet de loi portant sur la gérance des fonds de commerce. Enfin, il amende le projet relatif aux conventions collectives et aux règlements des conflits du travail, ainsi que celui tend à faciliter l'amnistie dans certains cas de condamnation.

En 1958, Jean Reynouard interpelle enfin le ministre des affaires économiques et financières sur la possibilité d'accorder aux malades bénéficiant de l'assistance médicale le bénéfice des distributions gratuites de tabac.

Toutes ces années il se lie avec plusieurs de ses voisins de vestiaire dont Léopold Sédar Senghor. Par sa famille, il côtoie des jeunes gens comme Georges Pompidou.

Le 15 mai 1953 Jean Reynouard est élu maire de Riom.

Les réalisations faites au cours de son mandat sont très nombreuses :

- Projet d'achat de terrain à Notre-Dame-de-Mont en Vendée pour la colonie de vacances

- Séance extraordinaire pour la fermeture de la Maison Centrale en raison de sa vétusté.

Les travaux commenceront en 1955.

- Visite incognito du Président Auriol venu rendre visite à son ami.

- Visite chez Nikita Khrouchtchev et le général Joukov, Délégation conduite par le Président Daladier avec le sénateur maire de Riom pour voir les réalisations de l'URSS

- Projet de création du musée d'art et de traditions populaires, choisi par Paris pour le placer dans l'ancienne maison centrale qui va être réouverte. La recette ira aux vieillards nécessiteux

- Acquisition de l'immeuble contigu au musée des arts et traditions populaires, 11 rue Pascal à Mlle de Montgon.

- Création du centre aéré de Loubeyrat.

Le conseil municipal se réunit à la suite des opérations électorales du 15 mars 1959, Jean Reynouard est réélu.

- Au début de cette décennie : construction de la piscine par la Riomoise sur un terrain appartenant à celle-ci avec l'appui de la mairie.

Une fois de plus Mademoiselle de Montgon se montre généreuse avec notre ville pour la création de la maison de retraite, rue Jeanne d'Arc.

- Extension du musée Mandet par l'achat de l'immeuble Quatrebarbe, 2 rue Chabrol.
- Transfert de la poste de la rue Croisier et la construction de la nouvelle place Saint Bénilde.
- Syndicat d'initiative moderne avec un fascicule écrit en collaboration avec Pierre Sabatier.
- Création d'un conseil des prud'hommes en 1950.
- Rénovation de la maison des consuls en 1964.
- En étant élu président des syndicats d'initiative d'Auvergne, Bourbonnais et Forez, par sa campagne dans le métro, il fait respirer le Parisien avec des affiches vantant la plus belle région de France !
- Construction du stade de la Varenne, enceinte close de murs.

En 1965 il ne se représente pas. Son cœur après plusieurs attaques ne résiste pas.

Il décède le 11 décembre 1966, à l'âge de 63 ans.

Pierre POULET

L'HÔPITAL MIXTE DE RIOM (VERS 1900)

On le trouve ainsi nommé dans les écrits municipaux à l'arrivée du XXe siècle, accueillant alors les malades civils, hommes et femmes, les militaires, et les orphelins.

La longue histoire de notre hôpital a fait l'objet de plusieurs exposés ici même, je me suis donc intéressée tout particulièrement à cette période charnière où, en quelques décennies, se sont imposés autant de changements.

Les lettres patentes de sa création, nous l'avons vu, remontent à 1658. L'influence de l'Église diminuant alors, Louis XIV apporta un complément avec l'hôpital général, moins religieux, les ressources étant davantage fournies par un financement public...

Au XIXe siècle il devint le seul de la ville, après le transfert des services (soignants) de l'Hôtel-Dieu et des incurables (1833). Contrairement à Clermont, Le Puy, Beaune... où c'est à l'Hôtel-Dieu que l'on a organisé un service soignant, l'hébergement faisant l'objet de structures extérieures, à Riom c'est donc l'hôpital général qui va s'adapter, très progressivement, en modifiant en permanence ses bâtiments, affirmant à ce moment sa vocation médicale.

En 1862, Jules Michelet soulignait « *le changement dans l'allure du temps* ». Ce mouvement, très sensible dans les sciences, notamment la médecine, transformera rapidement à partir de 1890 les hôpitaux provinciaux, qui étaient surtout jusqu'alors des maisons d'hébergement, voire d'enfermement. Ils deviennent des centres de soins. Les découvertes de Pasteur, après 1870, permettant d'obtenir l'asepsie et de favoriser l'antisepsie, amenèrent de nouvelles pratiques de la chirurgie.

En 1900, l'hôpital reçoit des malades, hommes et femmes, les infirmes, mais encore des vieillards, et les malades militaires. Les aliénés et les femmes sur le point d'accoucher ne sont pas admis et sont envoyés à l'asile ou la maternité de Clermont. Il comprend en outre deux orphelinats, un de filles, un de garçons. Son budget annuel se situe aux alentours de 100 000 francs.

La loi du 15 janvier 1893 créant l'assistance médicale gratuite, tous les indigents sans exception seront accueillis dans tous les établissements hospitaliers, s'ils ne peuvent être soignés à domicile. L'hôpital est alors dédommagé par un prix de journée, fixé par le préfet à la charge de l'une des collectivités, la commune le département ou l'État.

Tout au long du XIXe siècle les circulaires ministérielles rappellent que les malades payants ne peuvent être admis qu'à titre exceptionnel.

- L'accueil des malades militaires (qui existait déjà à l'Hôtel-Dieu).

Les documents des archives municipales nous fournissent certains détails intéressants concernant l'appropriation et l'agrandissement de l'hôpital militaire dans les bâtiments de l'hôpital civil, par suite de l'accroissement de la garnison. (Le 105e R.I. est arrivé en avril 1893). Un plan de 1892 prévoit une liste de travaux à exécuter en 6 lots. (Voir planche du cahier couleurs page 90).

L'adjudication est faite en janvier 1893 :

1) Terrassement, maçonnerie, dallage, couverture tuiles, à Champleboux-Lesmes entrepreneur à Volvic. 2) Charpente, plancher et 3) Menuiserie, parquet, à l'entrepreneur Vert Clément. 4) Plomberie, zingage, et 5) Ferronnerie, serrurerie, à l'entrepreneur Doumaux Émile. Le 6e lot concerne la plâtrerie et la peinture.

Les agrandissements comprennent : Pour la grande salle, l'appropriation et la division du 2e étage du grand bâtiment ouest, la salle des soldats ; les chambres des officiers et sous officiers au 1er et 2e étage du petit bâtiment situé en retour ; la construction d'une annexe de deux étages à la suite du petit bâtiment, et pour l'isolement, une salle au rez-de-chaussée, une salle au 1er étage du bâtiment à l'angle sud est.

Remarque : les volumes prévus sont respectivement de 37 m^3 pour le soldat, 41 pour le sous-officier, 42 pour l'officier.

Des difficultés apparaissent pour la cour des militaires (les dimensions figurant sur le plan sont de 20 x 22 m). La polémique s'installe au moment de sa création, afin d'éviter un encombrement dans la cour commune et une promiscuité fâcheuse entre les orphelins des deux sexes, et les militaires malades... (Document daté du 6 mars 1894).

Monsieur Roussel, ingénieur des Arts et Manufactures invite l'autorité militaire, à écrire rapidement au maire pour l'engager à faire préciser le plus tôt possible, aux frais de la ville, l'emplacement à prendre pour cette cour, sous celle qui sert actuellement aux jardiniers.

Les travaux de serrurerie pour la clôture de la cour des militaires sont mis en évidence avec les travaux supplémentaires : sont pris en compte les murs de clôture, le grillage, et les latrines des orphelins (coût : 2000 francs).

L'ensemble des travaux effectués aura coûté : 30684 francs 93.

Une statistique médicale de Riom, par les docteurs Bouchereau et Grasset en 1894, qui a reçu une mention honorable à l'Académie de médecine, nous donne un aperçu de l'état des locaux et de l'affectation des services. Il faut rappeler que les constructions occupent 2 hectares sur une superficie de 6 hectares.

Le pavillon central était affecté aux infirmes (les hommes au rez-de-chaussée, les femmes au 1er étage). Le pavillon nord était affecté à l'orphelinat des filles. Un second pavillon, prolongeant à l'ouest le bâtiment central, était affecté à l'orphelinat des garçons. Au sud deux ailes parallèles entre elles renferment : dans l'aile orientale, les malades civils (les hommes au rez-de-chaussée, les femmes au 1er étage), avec la lingerie à l'entresol ; dans l'aile occidentale, le logement des sœurs au rez-de-chaussée et à l'entresol, et les malades militaires au premier étage. Les salles d'isolement sont disposées le long du ruisseau, dans la partie orientale des anciens bâtiments des manufactures, la buanderie se trouve dans la partie occidentale, un séchoir à l'air libre attenant. Dans ce même bâtiment est installé un service « balnéaire », comme dans tous les hôpitaux à cette époque, avec 18 baignoires pour bains simples ou médicamenteux ; une salle de douches lui fait suitc. L'installation de cette salle de bains serait due à la générosité de Monsieur Gromont de la Ronzières.

- L'état des locaux :

Toutes les pièces sont éclairées au gaz et chauffées par des poêles. La plupart des salles sont cimentées, quelques-unes ont des parquets cirés. Les murs sont recouverts de ciment et peints à l'huile. Les plafonds sont en plâtre et sans saillies, la ventilation assurée par de nombreuses ventouses, et surtout par la disposition opposée des deux rangées de fenêtres. Chaque salle a ses annexes : cabinet de surveillance, lavabo, cabinets d'aisance. Ces derniers ne forment pas de bâtiments séparés, ils sont rapprochés des salles mais en sont isolés par un couloir aéré ; ils comprennent des urinoirs avec chasse d'eau, des sièges en bois ou en porcelaine munis d'un système en soupape, mais sans chasse. Le sol des cabinets est partout cimenté. Enfin les matières fécales sont recueillies dans des canaux qui les transportent directement au ruisseau ; les cabinets des salles d'isolement, seuls sont munis de fosses étanches fixes. (Il est alors question d'établir des fosses étanches pour tous les services de l'hôpital).

Une précision aussi : les malades ont à leur disposition des crachoirs en porcelaine au fond desquels on met une solution de sulfate de cuivre.

En 1900, la réfection des égouts n'est pas encore faite mais, grâce à un don du docteur Girard (40 000 francs), une salle d'opérations a été édifiée dans la cour d'honneur, dans le prolongement de l'aile orientale ; elle a coûté 20 000 francs. On pratique l'antisepsie !

- Répartition des lits :

Il y avait 352 lits.

• Malades civils : 66 (hommes 35, femmes 31)

• Infirmes : 105 (hommes 55, femmes 50)

• Militaires : médecine 30, chirurgie 10.

(Sous-officiers : 5 ; officiers : 4)

Dans les salles d'isolement civils 14 lits (hommes 7, femmes 7)

Dans les salles d'isolement militaires 13 lits (7 et 6)

On a prévu 3 loges pour les malades en observation

Le dortoir des sœurs + 26 lits

À l'orphelinat : garçons 34, filles 52

Durant les travaux de réparation après l'incendie de l'aile orientale (le 22-02-1897), les malades civils ont été transférés, bien à l'étroit, dans les salles d'isolement.

Habituellement, la désinfection de ces salles de « contagieux » se fait au crézyl et vapeurs sulfureuses.

- Le personnel : (Hors le personnel administratif). Le docteur Grasset est médecin adjoint, le docteur Faure est médecin chef depuis 1885.

Un personnel qui nous paraît aujourd'hui bien restreint... Un commis, un jardinier, un maçon, une concierge, un menuisier, 2 infirmiers, 1 infirmière.

Les Sœurs de Saint Vincent de Paul sont 2 5 en 1900.

La commission administrative a traité avec les Filles de la Charité de Louise de Marilhac, le 13 décembre 1804. Elles œuvraient à Saint-Jean-des-abandonnés depuis le début du XIXe siècle. C'est le 27 décembre 1800 que l'on a eu l'autorisation du ministère de l'intérieur pour recruter des Filles de la Charité (mesure dit-on sauvant les congrégations hospitalières).

- L'alimentation des malades : à cette époque, on trouve des informations souvent précises et parfois étonnantes.

La cuisine est située au rez-de-chaussée du pavillon occidental. Les récoltes de l'établissement sont une de ses principales ressources.

L'hôpital reçoit alors 20000 litres d'eau par 24 heures, fournie par la ville.

On consommait beaucoup de pommes de terre, des légumes secs, pois, lentilles, haricots, des pruneaux, du riz, du sucre, de l'huile de colza ou de noix ; du fromage, (gruyère, fourme, cantal) du poisson, (carpe, hareng, morue). Naturellement on mangeait du pain, on buvait du lait et pas mal de vin.

En 1900, la consommation moyenne de pain en France était de 600 grammes par jour. La circulaire ministérielle du 16 juillet 1901 conseillait aux hôpitaux et aux hospices 500 grammes pour les hommes et 400 grammes pour les femmes.

Le vin : les malades hommes recevaient 50 cl et les femmes 40cl par jour, les enfants 25 cl.

Le lait était servi en grande quantité, pur ou en entremets.

La viande : on considérait la ration hebdomadaire de 2800 g pour les hommes et 2400 g pour les femmes.

Dès 1860, des chercheurs insistent sur les besoins en azote (donc en viande) pour l'équilibre énergétique. En 1864 une circulaire avait préconisé de donner de la viande deux fois par jour aux malades.

C'est au cours de cette même période qu'est affirmé le pouvoir énergétique de l'alcool, qui le rend nécessaire dans la ration du soldat, mais aussi de l'écolier…

La viande au menu 2 fois par jour peut surprendre, car peu de familles pouvaient à cette époque manger de la viande, même une fois par jour.

Le pain, aliment de base, accompagnait la soupe dans laquelle il était trempé.

On fait 3 repas par jour ; au déjeuner 50 cl de bouillon, au dîner 1litre. Les viandes sont cuites et désossées. Les pruneaux reviennent souvent.

Si on a constaté, à la fin du XIXe siècle un réel progrès dans la nourriture hospitalière (au moins dans la quantité) on garde la monotonie des menus où domine « le bouilli ».

- Pharmacie et traitements.

La médecine fut considérée au début comme une branche de la physique, elle-même branches des sciences naturelles : le physicien (le médecin) le chimiste (le pharmacien). Ce n'est qu'au XVe siècle qu'arriva une médecine digne de ce nom, avec l'audace de quelques anatomistes. Auparavant les « actes » se limitaient aux saignées faites par les barbiers, aux chirurgiens qui s'affairaient autour des plaies, entorses, fractures ; et aux maudits lavements infligés par les apothicaires !

La pharmacie occupe une partie dans le local de « la dépense ».

La tisanerie est la pièce attenante à chaque service.

Les frais de pharmacie sont presque réduits à l'achat de fleur de soufre ou poussière de soufre. Employé comme laxatif ou purgatif selon la dose, avec du miel. A faible dose il est actif comme antidote à la furonculose. On l'emploie contre certaines maladies de peau, ou encore dans une pommade contre la gale.

Pour les militaires, nous savons que le fonctionnement et l'intendance sont assurés par l'hôpital, moyennant un prix de journée négocié entre l'administration et la hiérarchie, variable suivant le grade. Le médecin-major a son bureau.

Les informations concrètes écrites au niveau du service ne sont pas habituelles, la transmission orale étant la règle.

Les prescriptions n'empêchaient pas l'usage très répandu de tisanes de toutes sortes : bourrache, chiendent, guimauve, fleur d'oranger ou de sureau, reine-des-prés…

En 1910, le Dr Masson dans son journal nous apporte des renseignements sur les pathologies les plus fréquentes et les traitements utilisés chez les jeunes militaires hospitalisés. (Nous ne sommes pas à Riom, mais à la même époque avec une population similaire, les éléments peuvent être comparables).

Le médecin assurant alors le service des « contagieux » cite parmi ces pathologies : le rhumatisme articulaire aigu, traité avec 8 g par jour de salicylate de soude, plus des injections d'argent colloïdal ; la diphtérie avec des fortes doses de sérum, comme le tétanos mais on fait en plus des injections d'acide phénique ; quant à la fièvre typhoïde et les infections pleuro-pulmonaires fréquentes chez le jeune soldat, on fait des injections intramusculaires d'huile goménolée.

Une remarque faite par ailleurs : les pieds gelés qui ne sont pas rares en hiver seraient la conséquence des bandes molletières qui compriment en amont.

Aux archives municipales une chemise datée de 1913 est vide, elle devait contenir la correspondance du général Leleu commandant la 51e brigade avec le maire au sujet de l'aménagement de l'hôpital militaire.

La grande guerre aura marqué la fin progressive de la garnison de Riom. Le 105e R.I. remet son drapeau en janvier 1924. Des soldats occuperont encore la caserne d'Anterroche, dont un bataillon du 92e R.I., mais le service spécifique à l'hôpital n'existera plus. Les malades seront adressés à l'Hôtel-Dieu de Clermont.

Qu'en reste-t-il ? Une statue de Jeanne d'Arc, érigée par les militaires dans la cour d'honneur, en sera le témoin pendant plusieurs décennies avant d'être déplacée. La mémoire des concerts donnés le jeudi après midi dans cette même cour, par la musique du régiment, restera éphémère.

L'orphelinat.

Durant plus d'un siècle il y eut des orphelins, garçons et filles, à l'hôpital, dirigés par les Sœurs de Saint-Vincent-de-Paul.

Création d'un orphelinat de garçons : la proposition date du 16 mars 1836, jour de l'inauguration de l'aile orientale, en présence du sous-préfet, du cardinal archevêque d'Aix, de l'évêque de Clermont... La proposition fut bien accueillie et en quelques mois on collectait 10 000 francs dont 3 200 par une loterie. Les locaux de l'ancien asile lui furent consacrés.

L'orphelinat des filles est créé en 1862 ; il est transporté le 15 mars 1872 dans les bâtiments occupés par la gendarmerie jusqu'en 1869. Il prit le nom d'orphelinat Fréminet (les dépenses pour les réparations faites dans le bâtiment de la gendarmerie furent supportées par Sœur Fréminet, alors supérieure des Sœurs de l'hôpital). Il est situé au nord est de l'hôpital.

Les deux sections de l'orphelinat, garçons et filles, sont bien organisées, chacune dans un pavillon isolé : les salles de classe au rez-de-chaussée avec un bon éclairage latéral, aux étages sont les dortoirs et les ateliers de couture où travaillent les jeunes filles ; les garçons sont exercés à la profession de jardinier.

En 1900, il y avait 34 garçons et 52 filles à l'orphelinat.

Anne Marie ESCUDIER

Un témoignage au milieu du XXe siècle.

Huguette : orpheline de père entre à l'orphelinat de l'hôpital en 1942, à l'âge de 11 ans.

Il y avait une cinquantaine de filles ; les petites (dès 3 ans) et les grandes, scolarisées jusqu'à 14 ans (C.E.P.). L'école était en ville, publique ou privée, où elles étaient accompagnées par deux « surveillantes » adultes.

La matinée commençait par la messe à la chapelle ; petit-déjeuner, soupe de pain trempé ; elles viennent manger à midi, le soir soupe toujours sans lait, après les vêpres. Le pain est coupé par les enfants en tranches (fines chez les filles, souvent épaisses chez les garçons) dans la gamelle vide que l'on apporte aux cuisines... Les frites, c'est une fois par an pour la communion solennelle, (les filles doivent éplucher les pommes-de-terre).

On apprend la couture, les reprises fines sur les cornettes des Sœurs, à raccommoder les chaussettes. Chez les filles, Sœur Thérèse est responsable. Elle a sa chambre au milieu des dortoirs : dortoir des grandes et dortoir des petites ; les grandes doivent aider les petites à faire leur lit, leur toilette... les deux surveillantes dorment au bout de chaque dortoir.

Huguette, comme d'autres, est restée dans la maison de 14 à 21 ans, elle aide à la pharmacie, à l'orphelinat, au ménage des bureaux ou autres... à partir de 21 ans elle sera employée rémunérée, puis deviendra plus tard aide-soignante, elle habitera alors en ville.

Pour les garçons l'organisation est semblable. Sœur Geneviève est la responsable ; un surveillant et une surveillante laïcs... les garçons doivent aussi raccommoder leurs chaussettes ; ils sortent généralement à 14 ans pour un apprentissage. Durant cette même époque ils sont aussi nombreux que les filles.

Pour les fêtes, Fête-Dieu, Saint-Amable, les orphelines participaient à la procession, en robe blanche en été, bleue avec col marin en saison intermédiaire, avec celles de l'orphelinat de la charité tenu par les Sœurs de Saint-Joseph.

À l'hôpital, l'orphelinat des garçons a fermé un peu avant celui des filles, au milieu des années 1950. Les vieillards ont occupé les locaux, hommes et femmes séparés.

<u>Sources</u> : *Archives municipales.*

Dr Edmond Grasset : Les hôpitaux de Riom.

Communications au congrès du C.T.H.S. à Nice : L'histoire hospitalière (1996)

UNE ÉCOLE DE GYMNASTIQUE À RIOM SOUS LA MONARCHIE DE JUILLET

Les exercices physiques semblent remonter à la plus haute Antiquité, -rappelons-nous la date de création officielle des Jeux Olympiques en 776 av. J.C.-, mais ils furent ensuite, au cours des siècles, alternativement exaltés ou méprisés... En France, les recommandations de Rabelais ou de Montaigne- « *Les jeux, même physiques, seront une bonne partie de l'étude* »- tombent progressivement dans l'oubli aux XVIIe et XVIIIe siècles.

Alors qu'en Angleterre, les sports se développent, l'éducation, chez nous, oublie totalement cette dimension. Au XIXe s, tandis que des écoles de gymnastique sont créées en Allemagne et au Danemark, et que le sport devient la pierre angulaire de toute éducation britannique, les idées encourageant l'éducation physique en France ne paraissent pas avoir beaucoup d'écho. Une ordonnance royale, en 1817, aurait, cependant enjoint à tous les corps de l'armée d'envoyer à Paris des hommes pour s'initier aux études gymnastiques et pouvoir, ensuite, former les soldats de leurs régiments.

En 1828, le colonel Amoros publie un ouvrage intitulé « *Gymnastique pour les jeunes gens* » et ouvre à Paris un établis-

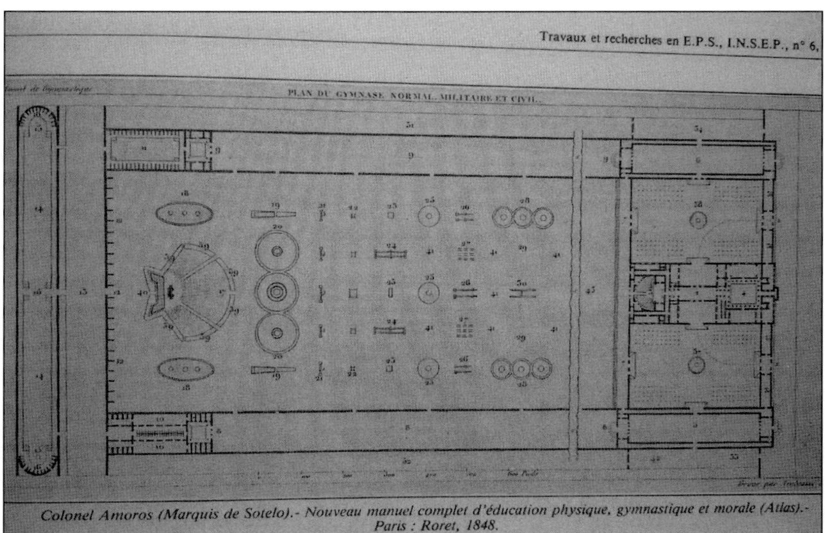

Planche du manuel d'éducation physique du Colonel Amoros

sement où ses nouvelles méthodes pour développer, avec les « facultés physiques », « les facultés mentales », sont expérimentées. Et l'on découvre, non sans surprise, que l'homme qui soutient le premier gymnase parisien, près du Jardin des plantes, est un Riomois : le comte de Chabrol-Volvic ![1] Quelques gymnases, militaires et civils sont aussi créés dans diverses régions.

C'est quelques années plus tard, sous la monarchie de juillet, en 1835, que la municipalité de Riom découvre, à son tour, les bienfaits de la gymnastique et opte pour un programme pédagogique d'avant-garde. Celui qui est à l'origine de cette aventure se nomme M. Faure-Thomas. C'est un excellent instituteur, qui a déjà une longue pratique de l'enseignement[2]. Il est en 1835, le directeur de l'école mutuelle. Or cette école se trouve dans une situation désastreuse.

Il faut dire qu'il y a dans la ville, depuis le début du siècle, deux écoles primaires gratuites tenues par les Frères des Écoles chrétiennes, l'une dans la paroisse de Saint-Amable et l'autre dans celle du Marthuret. Ces écoles accueillent un très grand nombre d'enfants, répartis en plusieurs classes. Par délibération du 20 mai 1835, la municipalité les a même transformées - pour obéir à la loi Guizot de juin 1833 faisant obligation aux communes de posséder au moins une école primaire – en écoles communales pour accueillir gratuitement les seuls enfants de la ville, âgés d'au moins 6 ans. Elle verse dès lors un traitement aux Frères.

Or, il existait déjà à Riom, une autre école élémentaire communale, celle d'enseignement mutuel, dont le directeur est payé par la commune. Les enfants y sont répartis par niveaux et disciplines (lecture, écriture, arithmétique) et passent d'une catégorie à l'autre, au cours de l'année, selon leurs progrès. Des répétiteurs, choisis parmi les élèves les plus doués, règlent les exercices scolaires dans les moindres détails, sous la surveillance de l'instituteur. Les fautes, sanctionnées par un tribunal d'enfants,

---

1) Gilbert Joseph Gaspard de Chabrol-Volvic (1773-1843), savant qui prit part à l'expédition d'Egypte, fut préfet de la Seine de 1812 à1830. On lui doit la création d'une école de dessin à Volvic en 1824.

2) Il délivre un certificat de scolarité pour l'année 1819 (Archives municipales. Série R n° 9)

sont rachetables au moyen de billets donnés à titre de récompense. Si quelques écoliers sont placés dans cet établissement par la commune à titre gratuit, la plupart doivent acquitter une légère rétribution à leurs maîtres. Est-ce la raison pour laquelle cette école est de plus en plus délaissée ?

Elle avait d'abord été installée dans de vétustes bâtiments du Collège. En juin 1833, le conseil municipal décide de la transférer dans l'ancienne Maison d'arrêt, c'est-à-dire dans l'ancien Refuge[3] qui présente « *un local vaste, suffisamment aéré aux quatre aspects, placé sur un point isolé des quartiers populeux, accessible par deux rues, peu fréquenté par les voitures et les animaux, donc moins de craintes d'accidents pour les enfants, peu de gêne et d'incommodité pour les voisins* ». Le conseil prévoit d'aménager trois salles pour recevoir 700 élèves au rez-de-chaussée et dans les deux étages du bâtiment, – le deuxième étage accueillant les cours de dessin – et même d'acheter un terrain de 377 m^2 au devant. Las ! Rien n'y fait : les enfants continuent d'affluer dans les écoles des Frères, alors qu'il faut bien reconnaître « le violent échec » de l'école d'enseignement mutuel.

C'est là qu'intervient M. Faure-Thomas, le directeur de cette école : il a l'idée de génie d'ouvrir un gymnase à Riom, avec le concours de plusieurs moniteurs formés à la méthode du colonel Amoros.

Comme ces leçons, données « *avec zèle, intelligence et bienveillance* » sont gratuites, plus de trente enfants ou jeunes gens se sont présentés « *et le public a pu apercevoir la rapidité de leur progrès en force, en grâce, en agilité* ». Mais les moyens manquent. Pour les obtenir, M. Faure-Thomas s'adresse au conseil municipal.

Celui-ci – dirigé alors par le maire M. Chamerlat des Guérins, secondé par MM. Simonnet et Chirol de Labrousse, adjoints – prudent… et un peu désargenté- nomme une commission pour enquêter sur « *l'utilité d'une école gymnastique et sur la possibilité de destination d'un local convenable* ».

---

3) Le Refuge, créé en 1667 dans l'actuelle rue Jean de Berry, et dirigé ensuite par les Sœurs de la Charité de Nevers recueille, ou plutôt enferme, jusqu'à la Révolution, les filles de mauvaise vie. Il devient alors maison d'arrêt jusqu'en 1824

Le 10 septembre 1835, M. Godemel, rapporteur de la commission, livre donc ses conclusions pour répondre aux deux questions posées.

Pour démontrer l'utilité de la gymnastique, il se lance dans un vibrant plaidoyer.

Après avoir fait un bref rappel historique, il en souligne les avantages : pour les militaires d'abord, puis pour les civils, car « *des exercices gymnastiques bien dirigés doivent développer l'intelligence, des vertus sociales, des sentiments généreux et obtenir pour résultats positifs la santé, le prolongement de la vie, l'amélioration de l'espèce humaine et l'augmentation de la force et de la richesse individuelle et publique* » ! Il s'appuie sur des rapports faits à la Société de médecine de Paris, et sur l'observation des méthodes préconisées par M. Amoros pour étayer son argumentation.

« *La science de la gymnastique générale*[4], *dit-il se subdivise en plusieurs gymnastiques spéciales :*

1 - la gymnastique civile et industrielle

2 - la gymnastique militaire, terrestre et maritime

3 - la gymnastique médicale

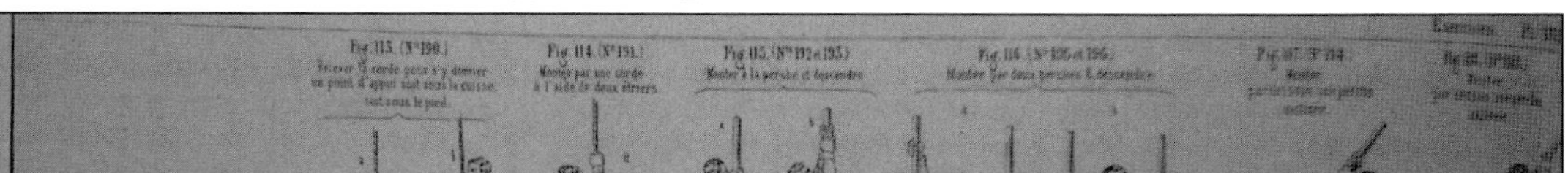

Album des planches de l'instruction sur la gymnastique militaire approuvée par M. le Ministre de la guerre le 24 avril 1846.- Paris : Blot.

4 - la gymnastique scénique ou funambulesque.

Puis, il expose l'intérêt que présente la gymnastique dans l'enseignement : « *Si un gymnase et un professeur spécial étaient attachés à chacun de nos collèges... on verrait bientôt disparaître sans retour des abus longtemps et inutilement signalés autrefois, alors qu'une jeunesse impatiente, enchaînée sur les bancs dès l'aurore, soumise à un mauvais régime diététique, contractait trop souvent des infirmités pour sa vie entière* ». Il faut, donc mener de front les exercices du corps et les travaux de l'esprit, et « *des exercices gradués avec art sont propres à donner l'esprit d'ordre, à communiquer un attrait plus irrésistible aux occupations sérieuses, à tous les genres d'étude, effet naturel de l'aisance de toutes les fonctions vitales, aisances toujours accompagnées de la sérénité de l'âme* »

Le rapporteur de la commission en vient, ensuite, au cas particulier de Riom et à la demande de M. Faure-Thomas.

La commission a assisté aux exercices proposés par celui-ci dans son établissement provisoire, et s'est convaincue que la gymnastique est la solution pour sauver à la fois l'éducation mutuelle et la jeunesse, qui pourrait se laisser aller : « *Ce cours d'instruction aura pour effet certain d'augmenter le nombre des élèves et d'ajouter une amélioration morale au développement des facultés physiques et de détruire ou d'empêcher de naître ces habitudes vicieuses et solitaires qui énervent la jeunesse* » !

M. Godemel ajoute « *que l'opinion publique riomoise s'est déjà prononcée sur le mérite de l'école gymnastique : une souscription lancée à la fin du mois d'août pour obtenir les fonds nécessaires pour la confection des machines et des instruments indispensables* » a recueilli 70 signatures « *prises dans les principales autorités* » et la somme de 418 francs. Elle doit reprendre après la fin des vacances. Il est à noter qu'à cette occasion la bourgeoisie riomoise fait preuve d'un incontestable modernisme : « *Plusieurs pères de famille et des plus notables de la ville ont même manifesté le désir que ce mode d'éducation physique put être étendu aux filles, avec une surveillance et des précautions convenables* ».

---

4) Ces mots sont soulignés sur le registre des délibérations du conseil municipal du 10 septembre 1835 qui rend compte du rapport de M. Godemel

Ayant répondu à la première question soulevée par la demande de M. Faure-Thomas, celle de l'utilité des exercices gymnastiques, il s'agit de répondre à la seconde qui concerne la possibilité de leur consacrer un local convenable.

La commission s'est donc transportée, avec l'architecte de la ville, à l'ancienne Maison d'arrêt, et rend compte de son occupation partielle par l'école de l'enseignement mutuel :

« *Les barreaux en fer des fenêtres ont été enlevés pour donner plus d'air et de clarté aux écoles. Les bâtiments, soit par leur vétusté, soit par la destination qui y a été affectée pour l'instruction primaire et supérieure, ne sont plus susceptibles de devenir une prison…* ».

Les exercices initiés par M. Faure-Thomas utilisent déjà la cour, mais « *bien que l'éducation gymnastique dut être restreinte dans notre ville à une méthode simple, facile et élémentaire, néanmoins la cour n'offre pas un espace suffisant pour le placement des machines et instruments et pour la variété et l'ensemble des exercices* ». Or, un mur sépare la cour du jardin. La démolition de ce mur, construit pour isoler les prisonniers, permettra d'utiliser aussi le jardin.

Le concierge de la Maison de justice, M. Eyraud, qui occupe le rez-de-chaussée de celle-ci et profite du jardin, consent, moyennant la diminution de la moitié de son bail (80 francs par an), à renoncer à cet espace.

En conclusion de son enquête, le rapporteur de la commission propose donc :

1- de faire démolir le mur entre la cour et le jardin et d'attribuer ces deux espaces à « *l'école gymnastique établie par le directeur de l'enseignement mutuel, à la charge pour celui-ci de justifier d'un engagement par écrit des instructeurs gymnastiques actuels qu'ils continuent pendant deux ans leur enseignement gratuit et de recevoir à cette école tous les enfants qui se conformeront aux règlements adoptés.*

2- de faire délivrer à titre de secours et d'encouragement les bois dont l'administration municipale dispose, pour aider à la confection des machines et instruments nécessaires.

Nota : Les matériaux et fenêtres du mur serviront à la confection, des latrines du Collège ».

Ces propositions sont naturellement acceptées par le conseil municipal, et la nouvelle école de gymnastique, annexe de l'école d'enseignement mutuel, connaît immédiatement un franc succès, dont le conseil se félicite. M. Chirol, le 9 août 1836, présentant son compte moral d'administration, retrouve l'enthousiasme de M. Godemel, pour saluer les résultats de cet enseignement : « *Aujourd'hui 120 élèves de l'école mutuelle ou du collège peuvent, sous les yeux de leurs maîtres ou de leurs parents, prendre part à ces jeux qui sont pour eux la plus intéressante des récréations… on voit chez des enfants de 8 à 12 et à 14 ans l'adresse et l'intelligence donner tous les avantages de la force… Enfin, dans ces exercices qui n'occupent que les moments consa-*

crés au plaisir des élèves, le corps profite de ses développements, la santé se fortifie, le caractère s'habitue aux pensées courageuses, l'homme à l'entrée de la vie apprend à braver les périls qu'il doit y rencontrer plus tard, et il ne reste plus de place pour l'oisiveté ». M. Faure-Thomas, quant à lui, perçoit de la commune un traitement de 600 francs par an.

Tout se passe ainsi, sans doute pour le mieux en 1837 et en 1838. En 1838, cependant, M. Faure-Thomas commence à trouver sa charge un peu lourde et ingrate. On le voit, le 6 avril solliciter un congé d'un mois, ce qui lui est accordé... à condition qu'il paie un remplaçant. Le 12 juin, il adresse une pétition au ministre de l'Instruction publique pour réclamer une somme de 414,75 francs pour des avances faites « *pour appropriation de l'école communale d'enseignement mutuel* », mais sa demande transmise par le sous-préfet, le 18 juillet est repoussée par la municipalité, le 30 août, et on imagine sa rancœur.

En 1839, cependant, les cours de gymnastique semblent fonctionner à merveille. La municipalité récupère une grange dans l'ancienne Maison d'arrêt que louait le sieur Eyraud pour y établir un gymnase couvert.

Reconnaissant « *l'accroissement sensible de l'institution gymnastique* », elle décide aussi, en toute justice, de verser un traitement de 150 francs au professeur du gymnase, le sieur Peyrier, qui, jusque-là était bénévole. Il faut, d'autre part réparer les machines du gymnase, ce qui entraîne une dépense de 200 francs. Mais « *l'école gymnastique* » donne toute satisfaction, et pour le budget de 1840, « *vu les soins continuels qu'il donne aux élèves du gymnase* », le traitement de Peyrier est porté à 300 francs, c'est-à-dire qu'il est multiplié par 2 en un an !

On peut imaginer que cette libéralité envers quelqu'un qui n'est pas instituteur augmente encore l'aigreur de M. Faure-Thomas. Le 22 février 1840, il écrit au conseil municipal pour demander à occuper, à titre de gratification, une maison dépendant des bâtiments de l'ancien Refuge, attenante à l'école d'enseignement mutuel et qui appartient à la commune. Il se trouve, justement, que la locataire, la veuve Morand, belle-mère du relieur Parrat, étant dans un état d'aliénation mentale tel qu'on ne peut la laisser seule sans danger, doit aller vivre chez son gendre. Les raisons invoquées par Faure-Thomas sont intéressantes. L'école, dit-il reçoit

12 enfants du « marais » et autant d'enfants en bas âge qu'il doit garder de midi à 2 heures Il est donc forcé de rester dans sa classe de 8 heures du matin jusqu'à 4 h du soir. L'école, d'ailleurs, reçoit cette année un plus grand nombre d'élèves dont 34 à titre gratuit. Il rappelle, surtout, « *que la commission du gymnase l'a nommé directeur de cet établissement et que la surveillance qu'exige cette qualité nécessite sa présence journellement et à chaque heure du jour dans l'établissement du gymnase ; qu'il pourrait remplir plus facilement ces différentes obligations, s'il était logé dans un appartement attenant à son école et à l'établissement du gymnase* ». Enfin, il invoque « *les sacrifices qu'il a faits dans plusieurs circonstances pour donner une bonne impulsion à l'institution qu'il dirige et y propager de bonnes méthodes* ».

Le conseil municipal, réuni le 28 février 1840, examine donc la requête du bon directeur et décide de lui accorder, « *à titre d'encouragement et de gratification* » la jouissance de cet appartement… mais « *sans prendre l'obligation d'y faire aucune réparation* ». On peut imaginer l'état des lieux laissés par une vieille femme qui avait perdu l'esprit, et le pauvre Faure-Thomas doit se trouver bien mal récompensé de tous ses efforts ! En tout cas, en août 1840, se disant « *appelé à d'autres fonctions* », il envoie sa démission.

Le départ de M. Faure-Thomas semble marquer un tournant dans l'histoire de l'école mutuelle et du gymnase.

En 1841 encore tout va bien : on a facilement remplacé M. Faure-Thomas par François Oligier, précédemment instituteur à Vensat et encore augmenté le traitement du responsable du gymnase, en le portant à 400 francs par an. Mais Oligier quitte Riom pour Maringues dès le mois de novembre 1841 et il doit être remplacé par le sieur Amigon, venant de Clermont.

Le nombre d'élèves de l'école mutuelle diminue inexorablement et l'intérêt pour le gymnase décroît parallèlement. Pour la première fois, en 1842 des voix discordantes se font entendre au conseil municipal au sujet de la gymnastique. Il faut dire que le gymnase coûte cher à la commune : il faut toujours réparer ou remplacer le matériel du gymnase (encore 180,07 francs pour cette année 1842). Le 7 septembre 1842, Pierre de Vissac, rapporteur de la commission chargée de l'examen des comptes de l'administration, fait part de sévères observations à propos des frais d'entretien du gymnase : « *Cette école, dit-il, n'est fréquentée que par les enfants des familles aisées et il semble que la ville n'aurait que peu ou point de dépenses à faire pour cet établissement* ». Le maire M. Allemand qui a remplacé en 1841, M. de Chamerlat, démontre cependant l'impossibilité de faire droit à ces observations, et le conseil bien embarrassé, n'émet pas d'avis.

En 1843, la question est à nouveau posée au conseil municipal et, cette fois il faut se résoudre à l'évidence. On note, dans le registre des délibérations du conseil, à la date du 27 mai 1843 cet affligeant constat :

« *Il est un établissement qui non seulement n'offre aucune espérance de progrès mais qui même est complètement déchu, c'est le gymnase. Il n'a eu aucun élève pendant l'hiver quoiqu'un vaste local ait été approprié aux exercices, il n'en a qu'une dizaine depuis le mois de mai et les promesses de succès que réitère fréquemment le directeur paraissent complètement illusoires. Il est peu de villes en France qui se chargent des frais de ces sortes d'établissements ; celle de Riom a fait jusqu'à présent pour le soutenir beaucoup de sacrifices. Le conseil municipal examinera s'il doit persister dans une allocation annuelle qui ne représente réellement aucun avantage ni pour le présent, ni pour l'avenir* » !

La suite semble relever de la chronique d'une mort annoncée… Le 16 juin 1843, le traitement du directeur du gymnase passe de 400 francs à 200 francs : cette fois, il est divisé par 2 ! En 1844, comble de malheur, le mur du gymnase dont les fondations ont été mises à découvert par suite de l'abaissement du niveau de la rue Saint-Louis, s'écroule ! Les architectes de la ville, MM. Mannevil et Cronier établissent un devis pour sa reconstruction qui s'élève à 969,88 francs qu'il faut bien accepter.

C'est la dernière fois qu'il est vraiment fait mention du gymnase dans les délibérations du Conseil municipal.

Dans le budget annuel de la commune de 1845, il n'est plus question du traitement de son directeur.

L'ultime allusion à cet établissement dont on attendait tant de bienfaits pour la jeunesse, on la relève à la date du 24 mai 1845 : le conseil autorise la Conférence Saint-Vincent de Paul à occuper temporairement « *un local devenu vacant dans les bâtiments du gymnase* »[5]

L'école mutuelle, qui avait accompagné la naissance du gymnase, semble accompagner aussi celui de sa disparition. En mai 1844, malgré tous les efforts de M. Amigon, elle ne compte que 15 élèves, dont 5 accueillis gratuitement, alors que chez les Frères, l'école du canton Est en reçoit 318, et celle du canton Ouest 282 ! En 1845, elle est donc transférée dans les bâtiments du Collège, qui font l'objet d'un vaste programme de réparations et où les enfants seront mieux surveillés. Elle est enfin supprimée, par délibération du conseil municipal, le 18 juin 1850 : elle n'était alors fréquentée que par 7 à 8 élèves !

Ainsi se termine la brève histoire de la première « école gymnastique » de Riom. Suscitant à ses débuts l'enthousiasme de la population et de la municipalité, elle se heurte bientôt à l'indifférence de l'une et au problème de financement de l'autre. Mais un germe a été déposé, et à la fin du siècle, les exercices physiques redeviennent à la mode. On voit fleurir en France des sociétés de gymnastique, et Riom se lance dans cette nouvelle aventure. C'est eu 1884 qu'est créée, à l'initiative du maire, M. Savarin, « *La Riomoise* », qui est alors une « *Société de tir, d'escrime, de gymnastique, d'instruction militaire, de musique, déclamation, sport vélocipédique, colombophilie* ». Le Président en est M. Savarin, et le Vice-Président, l'adjoint au maire, M. Chomette-Chevalier. La société s'installe dans un local loué par la ville (1F/an), rue Saint-Louis, là où l'on entreposait, jadis, les bois de justice, c'est-à-dire tout près de la première école de Faure-Thomas... Mais, cette fois, la confiance et le succès, avec la légitime fierté qui en découle, sont pour longtemps au rendez-vous de la gymnastique à Riom !

Béatrice de ROCHEGONDE

Sources : Archives communales de Riom. Séries D et R.

5) cf. La première Conférence Saint-Vincent de Paul à Riom (1844-1848) in Chroniques du Vieux Riom. Vol. 5 (2007)

LA MAISON D'ARRÊT

Sise sur l'ancienne place "aux Bois", c'est-à-dire sur la place où avaient lieu les exécutions publiques, emplacement des Bois de Justice, et actuellement place des Martyrs de la Résistance, la nouvelle maison d'arrêt de Riom fut construite en 1860, selon les plans de l'architecte Antoine Mallay. Elle est située au sud du Pré Madame, à proximité de la Cour d'Assises, avec laquelle elle communique par un souterrain, dont on s'est rarement servi. C'est une lourde bâtisse construite en lave de Volvic, bâtiment austère, avec son chemin de ronde, cerné d'un mur d'enceinte de 6 mètres de hauteur et ses fenêtres en demi-lunes solidement barreaudées et masquées par des hottes en bois. Elle a la forme d'une croix de la Lorraine.

D'après une étude sur les Maisons d'Arrêt du Puy-de-Dôme, partA. Mallay, en date du 31 janvier 1876, la maison d'arrêt de Riom était composée de cinq corps de bâtiments, pouvant contenir de 120 à 130 détenus. Elle se caractérisait par un hébergement en dortoirs collectifs, de 22 lits et 12 lits, qui se trouvaient à l'étage du bâtiment. Il y avait en outre des cellules de punition, ou pour des détenus à des peines légères ou de passage, une cellule de condamné à mort dans un petit bâtiment à part. Se trouvait

également dans cette prison un quartier de femmes, comprenant deux dortoirs de 8 lits chacun, 4 cellules, une chambre d'enfants. Il y avait le logement du gardien, du concierge, salle à manger, salle de bains, une chapelle. L'ensemble avait été régi d'après le système des catégories et depuis sa création, tous les inspecteurs généraux, dans leur tournée annuelle, ont été d'accord sur le parti pris.

- **Les conditions d'hébergement** étaient bonnes, mais on s'est aperçu, à l'usage, qu'il manquait quelque chose :... **des lieux d'aisance** pour les détenus, et les surveillants !

Le 12 août 1908, un rapport de l'Architecte départemental, énumère les travaux réclamés à la prison de Riom, par l'Inspecteur Général du service pénitentiaire, et notamment, au 5° : «... *installer des lieux d'aisance à l'usage des gardiens et des détenus. Il est regrettable qu'à l'époque où l'on vote des lois d'hygiène, qu'une agglomération aussi importante de personnes soit dépourvue de cabinets d'aisance, et soit réduite à se débarrasser des eaux et matières résiduaires en les jetant à l'égout avec des baquets...* »

Ce rapport fut réitéré le 29 mars 1909 ; puis en avril 1909, Monsieur le Préfet fait connaître que si la Commission des Finances n'a pas fait inscrire au budget les crédits nécessaires aux travaux demandés, entre autres les latrines, «... *il semble que ce soit parce que rien n'indiquait quels étaient parmi ces travaux proposés, ceux qui présentaient un caractère d'urgence...* »

Dans un rapport du 8 septembre 1909, Monsieur l'Architecte Départemental rappelle à Monsieur le Préfet du département du Puy-de-Dôme, le vœu émis tendant à l'installation de cabinets d'aisance à la Maison d'Arrêt de Riom : « *cette importante prison ne possède pas de cabinets d'aisance. Les matières fécales sont recueillies dans des baquets et jetées à l'égout, malgré les protestations des voisins et en violation de tous les règlements d'hygiène. Il y aurait urgence à doter cette prison de cabinets d'aisance, et d'étudier l'évacuation des matières soit par le système de fosses septiques ou du tout à l'égout. De tous les aménagements signalés, l'installation de latrines doit sans conteste attirer l'attention du Conseil Général... pour faire une installation convenable et hygiénique, il faudra sacrifier d'assez forts crédits... le Conseil Général n'a pas statué et n'a pas demandé l'établissement de devis...* »

Le 15 décembre 1909, Monsieur le Sous-préfet de Riom rappelle à Monsieur le Préfet du département du Puy-de-Dôme

« ... *que la Commission de surveillance de la Maison d'Arrêt de Riom appelle l'attention de l'Administration sur la nécessité, au point de vue de l'hygiène et de la salubrité, d'installer des cabinets d'aisance dans cet établissement pénitentiaire...* »

En avril 1910, rappel par Monsieur le Préfet au Conseil Général de l'urgence d'installer des cabinets d'aisance à la Maison d'Arrêt de Riom.

Nous arrivons au mois d'août 1912, où lors d'une session de Conseil Général, il est fait état une nouvelle fois d'un rapport de l'Architecte Départemental sur les réparations et améliorations demandées par Monsieur le Directeur de la circonscription de Riom, notamment « ... *installer des cabinets dans les dortoirs et ateliers ...et que par suite de la canalisation des fosses d'épuration que vient de faire la ville de RIOM, il ne serait plus nécessaire de faire des fosses d'aisance à chaque groupe de WC, une canalisation siphonnée conduisant aux égouts de la ville suffirait, .. la dépense serait de ce faire moins élevée... il y aurait donc lieu de demander au Conseil Général d'admettre le principe de l'assainissement de cette prison...* »

À l'heure actuelle, il semble que les « choses » se soient améliorées, sinon, cela se saurait... mais il n'a pas été trouvé trace de décisions positives ni du Conseil Général ni d'une Commissions des Finances concernant ces travaux.

Une autre affaire a également fait couler beaucoup d'encre, il s'agit d'une histoire « d'eau »

les faits remontent au 17 mai 1905 ; ce jour-là Monsieur le Directeur de la Circonscription pénitentiaire de Riom adresse un rapport à Monsieur le Préfet du département du Puy-de-Dôme, pour lui faire connaître que « ... *m'étant rendu à la Maison d'arrêt de Riom, je trouvai, dans le chemin de ronde, un réservoir en tôle... Monsieur le gardien chef à qui je demandai pourquoi cet objet était là, m'apprit que, d'accord avec Monsieur l'Architecte départemental, ce réservoir devait être placé à la cuisine, dans le but d'avoir un peu plus d'eau. Comme cet agent ne m'avait jamais informé de la modification qu'il voulait apporter au service qui m'est confié et dont j'ai la responsabilité, je lui fis connaître qu'aucune modification ne surviendrait dans l'ordre des choses établi, tant que l'autorisation du Directeur n'aurait pas été accordée d'autant plus que s'il y avait insuffisance d'eau, je n'en avais jamais été informé...* » Le lendemain matin, le représentant de l'entrepreneur général mis en demeure de se rendre compte d'où pouvait provenir cette pénurie, informait le Directeur que l'eau venait en plus grande importance, par suite... du curage d'une canalisation qui avait été « *légèrement obstruée* ». Monsieur le Directeur fit d'assez sévères remontrances au gardien chef, sur la légèreté dont il s'était rendu coupable, mais s'agissant d'un très bon agent, il estima que son « *petit écart* » ne devait avoir aucune suite, et le réservoir fut placé dans la cuisine...

- Qui fréquenta cet établissement ?

Beaucoup d'anonymes, dont certains eurent la chance d'aller faire les vendanges chez Marie Penissat, première propriétaire de la Ferme du Chevalard, construite vers 1840. Une plaque apposée sur le mur de cette ferme, rappelle que Marie Penissat cultivait à la main 33 hectares de vigne. Huit ouvriers l'aidaient en permanence, et qu'en cas de besoin, des prisonniers de la prison de Riom étaient réquisitionnés, sous la bonne garde de Marie Pénissat et de son arme à feu.

<u>En août 1944</u> : de nombreux opposants au régime de Vichy ont fait des séjours plus ou moins longs dans cette maison d'arrêt. Certains, après détention, étaient rendus à la vie civile, d'autres dirigés vers des camps de détention ou déportés.

Les derniers patriotes qui se trouvaient là un août 1944 (114, dont 30 condamnés à mort) ont eu la chance d'être libérés par la Résistance dans la nuit du 13 août. En se trouvant face à des hommes armés, en uniforme allemand, une seule prisonnière ne tremblait pas : elle avait reconnu sous l'uniforme ennemi son fils et quelques camarades de combat. Cette prisonnière, Madame Jarles, tenait un bar près de Saint mable.

Une plaque est apposée sur la façade de la Maison d'arrêt pour vous rappeler cet événement, qui fait partie de notre histoire locale et en reconnaissance aux FTPF/FFI qui les ont libérés.

Et beaucoup de gens connus, entre autres :

– Philibert Besson : qui se fit beaucoup remarquer entre les deux guerres. Né en juin 1898, il commença par écumer les mers comme officier dans la marine marchande. Il devint maire de son village natal de Vorey, puis révoqué peu de temps après pour outrage à magistrat. Il se présente à des élections législatives comme candidat « *indépendant* ». Élu député il met les pieds dans le plat en dénonçant les vilenies politiques et industrielles, et déplaît souverainement à Edouard Herriot. Il se retrouve déchu de son mandat, est déshonoré en place publique. Il prend la poudre d'escampette pour éviter le cachot, mais se fait arrêter en décembre 1935 à Paris. Il est gracié par le Président Lebrun. Mobilisé en 1940, arrêté après la débâcle, pour avoir tenu des propos défaitistes, il échoue à la prison de Riom, où il meurt le 17 mars 1941, dénutri, tuberculeux et torturé.

– Le Général de Lattre de Tassigny fut également un hôte de cette prison. Le 2 août 1940, il avait fait partie du Tribunal à Clermont-Ferrand, qui avait condamné le général de Gaulle à mort.

Incarcéré pour avoir résisté à l'occupation allemande, il fait une première tentative d'évasion en mai 1943, qui échoue, le gardien chef Dumas ayant vendu la mèche. Une deuxième tentative, couronnée de succès a lieu dans la nuit du 2 au 3 septembre 1943. Il rejoint le maquis

Il continue sa brillante carrière militaire. Il commande la Ière armée française (1944-1945) et signe pour la France l'acte de reddition allemande à Berlin, le 9 mai 1945. Maréchal de France, il fut ensuite haut commissaire et Commandant en Chef en Indochine.

Rue Valmy, voisine de la maison d'arrêt, une plaque commémorative est apposée rappelant l'évasion de cet important personnage.

– Jean Zay : Ministre de l'Éducation Nationale, et des Beaux-arts, sous le gouvernement Blum, est condamné le 4 octobre 1940 à la déportation et à la dégradation militaire. Il fut partisan de la résistance dès juin 1940. Cette condamnation plus symbolique qu'applicable, se mue en un emprisonnement qui durera 4 ans. Après la prison de Clermont-Ferrand et le Fort Saint Nicolas à Marseille, le 7 janvier 1941 le prisonnier arrive à la maison d'arrêt de Riom. Là, il obtient le statut de prisonnier politique et peut recevoir sa famille. En 1943, après l'évasion du Général de Lattre, le régime se durcit. Le 20 juin 1944, trois miliciens(Cordier, Develle et Millon) sous l'autorité de Maret, chef du service de la sécurité de Vichy, enlèvent Jean Zay. Ils sont munis d'un ordre de transfert à Melun, signé par Baillet, également milicien et directeur de l'administration pénitentiaire, accompagné d'instructions de Clemoz, chef de cabinet de Darnand.

Jean Zay est conduit en voiture dans les bois de Cusset, où il est matraqué et abattu par Develle, d'une rafale de mitraillette. Le corps est dépouillé, son alliance arrachée, puis jeté dans un ravin « le puits du Diable » où il est plastiqué pour empêcher toute identification. C'est par hasard, le 22 septembre 1946 que deux chasseurs découvrent les restes qui seront enterrés anonymement à Cusset.

Le mystère de la disparition de Jean Zay reste complet jusqu'au 5 avril 1948, date à laquelle Develle qui avait cherché refuge en Allemagne, puis dans un couvent italien, est arrêté alors qu'il tente de débarquer en Amérique du Sud. Il avoue le crime. Il sera jugé à Lyon en février 1953 et condamné aux travaux forcés à perpétuité.

Que sont devenus ses complices ? Cordier a été abattu par des résistants, Millon est en fuite, Maret tient un salon de thé à Buenos-Aires ....

Une plaque est apposée à la mémoire de Jean Zay sur la façade de la maison d'arrêt.

Juste retour des choses, le gardien chef Dumas fut lui aussi incarcéré à la Maison d'arrêt de RIOM, dans la cellule même du général de Lattre. Le gardien chef Georges Blaise, son successeur, subit le même sort à la suite de l'évasion des 144 résistants.

D'autres plaques sont également apposées sur les murs de cette prison : une à la mémoire du surveillant Pierre Jaffeux déporté par la Gestapo, décédé le 18 décembre1944 à Melk. Une autre en souvenir du surveillant Passemard, torturé et fusillé par les Allemands le 27 juillet 1944 à Pontgibaud.

Suzanne DÉLU

Sources : Archives départementales du Puy-de-Dôme (N 621)

Promenades dans Riom

Catalogue réalisé pour le cinquantenaire de l'assassinat de Jean Zay à Orléans en juin 1994

Bibliographie sur Philibert Besson (René Dumas, Jean Peyrard)

Extraits de « La longue nuit du Général » de Robert Fourgous, V.P. Des Amis du Vieux Riom.

L'AFFAIRE DES MOUSTACHES

C'était dans les années 1830 et suivantes. La ville d'Ambert, comme toute Sous-Préfecture, possédait un Tribunal actif, avec de longues audiences, un Barreau de 19 avocats et un Président, Monsieur Calemard du Ginestoux, solennel, pompeux et froid, très occupé à rédiger de belles adresses aux divers Rois ou Républiques qui se succédaient.

Les membres du Barreau se recrutaient dans la bourgeoisie de la ville. Ils étaient nés pendant la Révolution et les guerres napoléoniennes, et affichaient, leurs études s'étant déroulées à Paris, plus d'indépendance dans leurs propos et leur tenue, après avoir connu la mode anglaise en faveur dans certains cercles parisiens.

C'est ainsi qu'au bal de l'Opéra, au Faubourg Saint-Germain et dans les lieux à la mode, les hommes se présentaient de plus en plus avec la barbe et la moustache.

Arrivés fraîchement licenciés de la Faculté de Droit de Paris, trois jeunes avocats décidèrent de ne plus se raser la lèvre supérieure, au printemps de l'an 1844. Il s'agissait de MM. Armilhon, Pacros et Imberdis.

Le Président Calemard, lors d'une intervention à la barre de Me Imberdis, aperçut une ombre légère sur la lèvre supérieure de l'avocat, et s'en émut. Il interpella ses assesseurs, qui pensèrent que l'avocat avait, sans doute, fait une toilette rapide ; mais plusieurs fois, à quelques jours d'intervalle, les deux autres compères affichèrent une lèvre supérieure de plus en plus noire !

Le même Président les interpella dans les couloirs du Palais pour leur dire qu'ils n'avaient point le droit de porter moustache à l'audience, pour s'entendre répondre qu'il n'était pas possible d'être à la mode dans les salons, et différemment à l'audience, rappelant, en outre, que les textes et la dignité du Palais n'interdisaient nullement cette fantaisie pileuse.

C'est dans ces conditions que, le 3 avril 1834, en début d'audience, éclata l'incident aux termes duquel le Président déclara: *« Cette tenue est un travestissement, un manque d'égards et de respect envers la Justice! Vous voudrez bien, Messieurs, avant de plaider présenter votre lèvre supérieure au barbier! »*

Ainsi naquit l'affaire des moustaches qui donna lieu à de multiples développements, et notamment à l'intervention de la Cour de Riom.

Ce fut d'abord une lettre du Président au Bâtonnier d'Ambert, parlant à nouveau de travestissement, de tenue négligée, et de provocation qu'il ne saurait couvrir.

Il y fut répondu par une demande de délai, les confrères souhaitant consulter les anciens jurisconsultes sur la question de savoir si l'on pouvait, sans déroger à la dignité et à l'indépendance de l'ordre, sacrifier obséquieusement un ornement admis dans toutes les bonnes compagnies.

La réponse du Président fut cinglante:

« *Prenez garde! Monsieur le Bâtonnier a le privilège de l'indépendance attachée à la profession d'avocat, mais il ne peut aller jusqu'à couvrir des atteintes portées à la discipline et justifier une conduite provocatrice et irrespectueuse!* »

Les chefs de la Cour de Riom furent informés et reçurent rapport et copie des correspondances.

Le sujet, contre toute attente, eut pour effet de divertir les magistrats de la Cour et en particulier le doyen des Présidents de Chambre, M. Archon Despérouses, remplissant les fonctions de Premier Président qui répondit:

« *M. le Président, vous vous êtes prononcé et vous me demandez ce que vous devez faire, c'est peut-être un peu tard; la lutte a été engagée par vous, sortez-en par les moyens que vous apprécierez les plus convenables* ».

Inutile de vous dire que les avocats ambertois, informés par le Bâtonnier de Riom, jubilèrent, et ce d'autant plus que la lettre de M. de Vissac, Bâtonnier de Riom, à son confrère d'Ambert comportait quelques opinions personnelles du genre: Celui qui cède est toujours le plus sage, car il n'y a pas d'inconvenance à le faire, et qu'il y en a beaucoup à engager une lutte dont les suites, toujours fâcheuses, ne profitent jamais à personne.

Le Président ambertois ne se déclara pas vaincu, et si Me Armilhon se soumit à son diktat, il n'en fut pas de même des deux autres qui se présentèrent à nouveau à la barre, le 30 avril, munis de leur ornement pileux.

La réponse fut immédiate :

« *Messieurs, le tribunal entend faire respecter son autorité et la dignité de cette enceinte. Il va rédiger un procès-verbal du manquement aux règles de leur profession commis par MM. Imberdis et Pacros* ».

Dans les instants qui suivirent, le Tribunal revint sur le siège, et lecture fut donnée du procès-verbal :

« *Les faits constatés constituent une infraction aux règles de la discipline, une atteinte à la dignité de la justice, et un manque de respect envers les magistrats. Il est fait défense à Messieurs Imberdis et Pacros de se présenter à l'avenir dans les bancs de la Défense en moustache, et les condamne à la censure simple* ».

Le Conseil de l'Ordre, saisi, estima qu'il fallait solliciter l'avis des deux Barreaux voisins, Riom et Clermont ; et c'est ainsi que le Barreau de Riom fut impitoyable pour estimer qu'il y avait lieu à pourvoi en cassation, celui de Clermont, plus réservé, préconisant une solution de conciliation.

Finalement, le Barreau d'Ambert se rangea à l'avis de Riom, et le pourvoi fut fait à l'initiative de deux avocats, avec le soutien du Conseil de l'Ordre.

L'affaire prenait une tournure nationale, et la presse judiciaire s'en empara, soutenant les deux avocats et ridiculisant le magistrat, au travers de divers épîtres et pamphlets.

Tout allait donc pour le mieux, mais c'était préjuger, car la Cour de Cassation n'aborda pas le problème de fond, se contentant d'une recherche historique qui partait de Louis le Jeune qui, en 1143, s'était fait raser le menton par l'évêque de Paris, puis du pape Jules II , qui avait créé, en 1503, un impôt sur la barbe des prêtres… pour arriver à l'ordonnance du Parlement de 1540, qui faisait défense à tous juges et avocats de porter barbe et habillement dissolus, ordonnance chère au Président Calemard, invoquée par lui dans ses diverses écritures.

Y avait-il eu de la part du Tribunal excès de pouvoir, dans le fait de défendre aux avocats de se présenter à la barre avec des moustaches ?

Le rappel historique, qui avait permis à la Cour de Cassation de se prononcer, prenait, en outre, en compte les dispositions prises sous Louis XIV, Louis XVI, et l'arrêté du 2 Nivôse An XI, qui disposait que les gens de loi porteraient la toge de laine fermée par devant, à larges manches, la toque noire, la cravate pareille à celle des juges, et les cheveux longs ou ronds.

Il était donc dit :

« *Attendu que les Cours et Tribunaux ont le pouvoir d'apprécier souverainement si les faits qui se passent à leur audience sont attentatoires ou non à la dignité de l'audience ou à la gravité des fonctions judiciaires... rejette...* »

La décision rendue entraîna certains sarcasmes, mais, se prévalant de l'avis émis par la Cour de Cassation, on estima que la dignité de la magistrature et les principes d'ordre étaient enfin respectés !

Messieurs Imberdis et Pacros s'inclinèrent et acceptèrent la censure, ce qui n'eut pas pour effet de nuire à leur carrière. En effet, la Révolution de février 1848 permit à Imberdis de faire valoir ses talents, et c'est ainsi qu'il fut nommé Premier Avocat Général à la Cour de Riom, à la place d'un magistrat révoqué. Quant à Pacros, nommé juge suppléant, il exerça, en fait, les fonctions de juge d'instruction.

Qu'était-il advenu entre temps du Président Calemard ? Il poursuivit ses activités et, en 1859, prit sa retraite pour être remplacé à Ambert par le Bâtonnier Chirol, du Barreau de Riom... celui qui s'était montré le plus virulent à son égard contre la décision du Tribunal d'Ambert !

Ainsi vont les gens, ainsi vont les choses...

Jean MORA

Crédit photographique :
Daniel Jean BAILLY
Guy DARMET
Alain PILLON
Pierre POULET
Jean-Paul VIALLIS

Nous exprimons notre gratitude :
- à notre éditeur
- à la ville de Riom
- à Madame Francine MALLOT, Archiviste de Riom Communauté
- à Monsieur François BRUNET, pour son prêt de documents

Composition des textes :
Association des Amis du Vieux Riom

Mise en pages et photogravure :
Imprimerie Jeanne-d'Arc

Les Amis du Vieux Riom ont déjà publié des témoignages d'autrefois :

- *Catalogue des maisons curieuses* (1922) ; épuisé
- *Riom Ville d'Art* (1928) ; épuisé
- *Riom le Beau* (1937) ; épuisé
- *Chroniques du Vieux Riom* (1995)
- Vidéo film amateur (1996)
- *Nouvelles chroniques du Vieux Riom* (1997)
- *Les Fontaines Riomoises* (1999)
- *Autres chroniques du Vieux Riom* (2000)
- *Une ville se souvient* (2003)
- *Chroniques du Vieux Riom, volume 5* (2007)
- *Chroniques du Vieux Riom, volume 6 (2009)*

CET OUVRAGE A ÉTÉ IMPRIMÉ
SUR LES PRESSES
DE L'IMPRIMERIE JEANNE-D'ARC
25 RUE DE LA GAZELLE
43000 LE PUY-EN-VELAY
SITE : WWW.IJA.FR

Dépôt légal : Juillet 2011 – N° d'ordre 111295